소셜미디어가 세상을 바꾼다

나꼼수 열풍에서 박원순 돌풍까지 대한민국을 휩쓴 소셜 열풍

국립중앙도서관 출판시도서목록(CIP)

소셜미디어가 세상을 바꾼다 / 지은이 : 이창호, 김은국, 최영재. --증보판.
-- 서울 : 한누리미디어, 2013
   p. ;   cm

ISBN 978-89-7969-451-2 03300 : ₩14000

사회 변동[社會變動]

331.5412-KDC5
303.4833-DDC21   CIP2013007252

SOCIAL
MEDIA 나꼼수 열풍에서 박원순 돌풍까지 대한민국을 휩쓴 소셜 열풍

증보판

소셜미디어가 세상을 바꾼다

이창호 · 태한 김은국 · 최영재 지음

한누리미디어

저자소개

이 책을 쓴 저자들은 공통점이 하나 있다. 세 명 모두 세계일보 공채 9기 출신이라는 점이다. 1996년 1월 11일 세계일보에 입사했지만 지금은 모두 각자의 길을 걷고 있다.

이창호는 서울대 사회학과 · 사회학과 대학원을 졸업, 미국 텍사스주립대학에서 저널리즘 박사학위를 받은 뒤 현재 한국청소년정책연구원에서 청소년들의 소셜미디어 이용에 관한 연구에 몰두하고 있다. 그는 『전쟁저널리즘』, 『저널리즘의 이해』(공저), 『정보사회와 디지털문화』(공저), 『정보사회의 이해』(공저) 등의 책을 펴냈으며 여러 편의 미디어관련 논문을 학술지에 발표했다.

태한 김은국은 울산 학성고 · 성균관대 신문방송학과 · 서강대학교 언론대학원을 졸업했고 성균관대 인터랙션 사이언스 박사과정에 있다. 한겨레신문사 · 인터넷한겨레 기획팀장 온라인 콘텐츠팀장, 엠파스 뉴스팀장 등 다양한 언론경험을 한 뒤 현재 서울시 인터넷뉴스팀장을 맡고 있다. 주요 저서로는 『온라인신문, 경쟁과 생존』, 『승승장구 農心 위풍당당 三養』 등이 있다. 트위터 twitter.com/misterk2000 현재 팔로워 5만 명, 페이스북 www.facebook.com/misterk2000

최영재는 고려대학교 국어국문과를 졸업했고 현재는 분당 야탑고 국어교사로 후학들을 양성하고 있다. 『열아홉살의 필독서』 등을 비롯하여 논술 및 수능 관련 교재를 20여권 써내는 한편 EBS논술교사로 활동하기도 했으며, 현재는 청소년들의 소셜미디어 활용을 통한 학습능력 향상에 관심을 기울이고 있다.

평소 친분이 두터운 이들은 소셜미디어에 관한 연구와 경험을 살려 책을 내는 데 의견을 모았고 그 결과물이 2012년 12월 20일 드디어 빛을 보게 되었으며, 내용을 상당부분 보충하여 증보판을 펴내게 되었다.

서문

　지난해 말 세계미래포럼이 올 한해 가장 유행한 10대 미래 키워드를 조사해 발표한 결과, 소셜네트워크가 3위를 차지했다. 불과 몇 년 전 미국에서 선풍적 인기를 끌었던 트위터와 페이스북은 국내에서도 급격하게 확산중이다. 소셜미디어의 확산은 스마트폰의 보급과 밀접히 관련돼 있다. 소셜미디어란 매체는 스마트폰에 꼭 맞게 디자인되어 있다고 해도 과언이 아닐 정도로 스마트미디어 시대에 어울리는 커뮤니케이션 플랫폼이다.

　소셜미디어는 중요한 사회자본으로 현대인의 일상생활에 지대한 영향을 미치고 있다. 사회자본의 중요성을 지속적으로 제기한 미국의 정치학자 푸트남(Putnam, 하버드대 교수)은 "사회자본의 핵심은 '사회적 네트워크가 가치를 지닌다'는 사고"라고 주장했다. 즉 사회자본은 가족과 친구 이웃 직장 교회 시민단체 심지어 인터넷에 기반을 둔 가상공동체 안에 구현돼 있다는 것이다. 그의 언급대로라면 우리 사회를 강타한 트위터와 페이스북 같은 소셜미디어는 사회자본의 한 형태로 볼 수 있다.

이러한 사회자본은 개인의 주관적 행복감을 증진시킨다. 사람들은 일상화된 소셜미디어 이용을 통해 삶의 만족과 행복을 느끼고 있다고 유추해 볼 수 있다.

소셜미디어 이용자가 급증함에 따라 소셜미디어를 다룬 책들도 우후죽순처럼 등장하고 있다. 많은 책들이 소셜미디어에 대한 개괄적 이해나 활용방법을 소개하는 데 머물고 있다. 소셜미디어가 공공기관·기업뿐만 아니라 개인의 일상생활에 어떻게 자리잡았는지, 왜 사람들이 소셜미디어를 이용하는지에 대한 촘촘한 사회과학적 성찰이 부족한 실정이다.

이 책은 소셜미디어의 어떤 매력이 사람들을 끌어당기고 있는지, 언론이나 공공기관은 소셜미디어를 구체적으로 어떻게 활용하고 있는지 등 여러 질문에 대한 대답을 이론적 논의뿐 아니라 실제 현장을 찾아다니며 찾았다.

또한 이 책은 소셜미디어에 빠진 대한민국의 현 주소를 그대로 전달하는 데 초점을 맞췄다. 소셜미디어를 효과적으로 활용하고 있는 파워유저들을 직접 인터뷰, 이용자들의 이용습관과 소셜미디어의 장단점에 대한 견해를 생생하게 전달하려고 노력했다.

특히 소셜미디어가 정부부처, 공공기관 등 현장에서 어떻게 활용되고 있는지를 구체적으로 보여주기 위해 공동저자 중 한 사람인 김은국 서울시 인터넷뉴스팀장의 실무경험을 바탕으로 서울시의 소셜미디어 활용사례를 생동감 있게 보여주려고 애썼다(6장 참조). 아울러 2011년 10.26 서울시장 보궐선거를 전후해 선풍적 인기를 끌었던 〈나는 꼼수다〉 사례를 구체적으로 소개, 시민들의 반응도 생동감 있게 제시했다(5장 참조).

커뮤니케이션학자 제임스 캐리(James Carey)는 미국 사회를 지배해 온 커뮤니케이션 관점을 '전달에 초점을 둔 커뮤니케이션'과 '문화에 초점을 둔 커뮤니케이션'으로 구분하고 있다. 전자가 지식이나 정보, 메시지를 전달하는 데 초점을 뒀다면 후자는 공유, 참여, 결사체, 공동체 등의 개념과 연관이 있는 것으로 상징적 의미창출과 공유된 믿음의 표상을 강조하고 있다. 그는 커뮤니케이션을 일종의 문화로 접근할 것을 제안하고 있다.

이 책은 소셜미디어가 하나의 문화로 이용자들에게 자리잡는 과정을 소개하는 데 노력을 기울였다. 소셜미디어 이용과 활용에 관한 풍부한 사례를 제시, 소셜미디어를 어떻게 활용할 것인지에 대한 정보를 담으려고 했다. 독자들은 소셜미디어가 우리의 일상생활에 어떤 영향을 미치고 있는지를 느낄 수 있을 것이다.

아무쪼록 이 책이 국내에 불고 있는 '소셜미디어 열풍'의 배경과 현황, 미래 등에 대한 독자들의 이해의 폭을 한 차원 더 넓힐 수 있길 기대한다.

2012년 12월

저자 일동

차례

1장

대한민국, 소셜미디어에 빠지다

대한민국,
소셜미디어에 빠지다

대한민국과 소셜 열풍

대한민국이 소셜미디어의 열풍에 빠지고 있다. 방송통신위원회와 한국 인터넷진흥원이 실시한 지난해 인터넷이용실태조사에 따르면, 가장 보편 적인 인터넷서비스는 이메일(85.7%)이고, 다음으로 SNS(66.5%), 인터넷쇼 핑(64.5%), 인스턴트 메신저(54.3%), 인터넷뱅킹(42.4%) 순으로 조사되었 다. 즉 이메일 다음으로 SNS를 많이 이용하고 있는 것이다.

SNS 이용자의 31.5%는 스마트폰을 통해 해당서비스를 이용하고 있는 것 으로 조사됐고 스마트폰을 통해 SNS를 이용하는 비율이 해마다 증가하고 있는 것으로 나타났다. SNS 이용자의 25.7%가 '하루에 1회 이상' SNS를 이 용하고 있으며, 직장인 SNS 이용자 2명 중 1명(58.4%)은 업무용도로 SNS를 이용하는 것으로 나타났다.

SNS를 이용하는 주요 이유로는 '친교·교제'가 85.8%로 가장 많았으며,

'취미·여가 활동(67.6%)', '개인적 관심사 공유(55.0%)'라는 응답이 그 뒤를 이었다. 소셜커머스 이용률은 9.3%에 그쳐 아직까지 소셜커머스 이용은 제한적이었다.

한국언론진흥재단이 지난해 실시한 『언론수용자의식조사』는 전국의 만 18세 이상 5,000명의 국민을 대상 SNS 이용실태를 알아봤다. 이 조사에서 SNS는 미니홈피(싸이월드)와 마이크로블로그(트위터, 페이스북, 미투데이, 요즘)에 한정되었다. 1주일에 한 번 이상이라도 방문하는 사이트를 모두 물어본 결과(복수응답) 싸이월드(22.2%)가 가장 많았고 페이스북(6.6%), 트위터(6.0%), 미투데이(3.5%) 순이었다. "모두 이용하지 않는다"는 응답도 74.8%로 매우 높게 나타나 SNS가 국민들 일상 속에 아직까지는 깊숙이 자리 잡지 않은 것으로 조사됐다.

소셜미디어를 통해 주로 어떤 일을 하는지 질문한 결과(복수응답), 지인에게 메시지 보내기(62.9%), 지인의 메시지 공유하기(45.3%), 나의 일상사 알리기(40.2%)가 높은 비율을 차지했다. 다음으로는 정보검색하기(28.9%), 내 의견을 제시하기(13.3%), 새로운 사람 사귀기(12.7%), 뉴스 및 시사문제 점검하기(12.3%) 순이었다. 즉 한국인터넷진흥원 조사결과와 마찬가지로 대부분의 응답자들은 소셜미디어를 통해 지인과 소통하고 일상경험을 공

〈스마트미디어 이용자와 비이용자의 SNS 이용 차이〉

방송통신위원회가 2011년 연말 발표한 스마트미디어 이용행태조사에 따르면, 스마트미디어를 이용하지 않는 사람 중 SNS를 이용한 사람은 15.3%에 불과했지만, 스마트폰 이용자 중 SNS를 이용한 사람은 44%, 태블릿PC 이용자 중에서는 65.5%가 SNS를 사용하는 것으로 나타났다. 즉 태블릿PC를 이용하는 집단이 SNS를 가장 즐기는 것으로 나타난 것이다.

출처 : 방송통신위원회 홈페이지

유하는 것으로 나타났다.

글로벌 전략컨설팅회사인 맥킨지가 국내 인터넷사용자 6,000명을 대상으로 조사한 바에 따르면, 국내 SNS 가입자 비율은 70%로 조사대상국(미국이나 중국, 일본 등 15개 국가) 가운데 가장 높았다(중앙일보, 2011년 6월 22일자 참조). 스마트폰을 이용해 SNS를 하고 있다고 답한 비율도 67%에 달해 15개 조사대상국 중 가장 높은 것으로 나타났다. 최근 1년 이내에 페이스북에 가입한 사람들 중 40~50대 남성 비율이 가장 높은 것으로 나타난 것도 흥미롭다.

한국청소년정책연구원(2012)이 전국의 고등학생 및 대학생들을 대상으로 조사한 바에 따르면, 청소년들은 소셜미디어 중 카카오톡을 가장 많이 이용하는 것으로 나타났다. 즉 전체 응답자의 75.0%가 거의 매일 카카오톡을 이용하고 있다고 답했다.

특히 대학생들의 경우 거의 모든 학생들이 카카오톡을 이용하고 있을 정도다. 페이스북과 유튜브, 미니홈피, 블로그의 이용도 비교적 높게 나타났다. 페이스북의 경우는 거의 매일 이용한다고 응답한 비율이 전체 응답자의 33.4%에 달해 페이스북이 청소년들 사이에 빠르게 확산됐음을 확인할 수 있다. 하지만 미투데이, 트위터, 팟캐스트의 이용 빈도는 매우 낮은 것으로 조사됐다.

이러한 결과를 종합하면, 청소년들의 경우 카카오톡과 페이스북을 가장 즐겨 이용한다고 볼 수 있다. 하지만 트위터, 팟캐스트 등 비교적 정치적인 성향을 띠고 있는 소셜미디어의 이용률은 매우 낮았다.

2000년 중반 싸이월드가 10대와 20대 중심으로 열풍이었다면, 2010년을 전후해 페이스북을 중심으로 청소년 층뿐 아니라 중년의 사람들이 몰려들고 있는 것이다. 이러한 조사결과는 스마트폰의 확산으로 트위터나 페이스북을 이용하는 사람들이 급격히 증가하고 있다는 것을 보여주고 있다. 국내의 스마트폰 이용자가 삼천만 명을 돌파한 사실을 고려하면, 소셜미디어 이용자는 기하급수적으로 늘어날 것으로 예상된다.

트위터 대통령이라 불리는 소설가 이외수의 트위터는 팔로워가 150만명을 돌파했다. 민주당 손학규 의원의 팔로워가 수만여 명임을 감안하면 그는 가히 트위터 대통령이라 불릴 만하다.

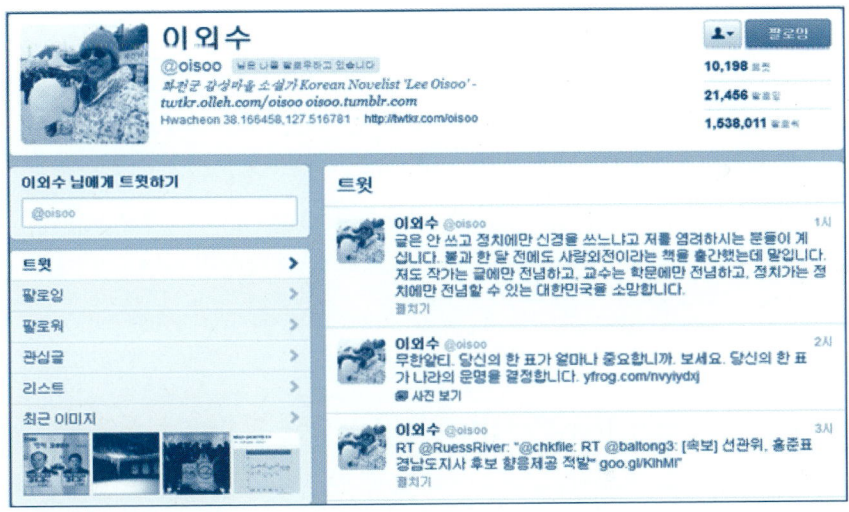

이외수와 찐빵, 배추 판매

　　강원 화천에 사는 소설가 이외수 씨는 군 홍보대사로 활동하면서 지역특산물 모델로 활동하는 등 지역경제를 살리기 위해 노력하고 있다. 구제역파문으로 화천 산천어 축제가 취소되면서 군민들이 경제적 어려움을 겪게 되자 그는 농민들을 돕기 위해 자신의 트위터를 통해 찐빵을 판매해 화제가 되기도 했다. 그는 자신의 트위터에 20개들이 한 상자에 만원이라는 내용과 함께 찐빵을 구입할 수 있는 홈페이지, 계좌번호를 자신의 팔로워들에게 알렸다.

　　이씨는 또한 동네 이장의 부탁을 받고 자신이 거주하고 있는 다목리에서 키운 절인 배추를 염가에 판매한다는 글을 트위터에 올렸다. 이 글로 주문이 쇄도하면서 다목리영농조합은 15톤이 넘는 배추를 팔아치웠다.

　　국내의 경우 인기 있는 연예인이나 스포츠 선수, 정치인 등 소위 공인들이 많은 팔로워를 확보하고 있고 그들의 말 한 마디 한 마디가 대중들에게 큰 영향을 미치고 있다. 이른바 소셜미디어에서 영향력을 행사하는 우리 사회의 여론주도층인 '유력자' 가 등장하고 있는 것이다.

　　이러한 소셜미디어 유력자는 소셜미디어를 통해 많은 지지자를 보유하면서 정보의 확산뿐 아니라 사회정치적 의제설정 및 여론형성과정에서 큰 영향력을 발휘하고 있다(이원태 · 차미영 · 양해륜, 2011). 이들은 모바일미디어를 적극 활용하면서 의제확산자나 뉴스전파자로서 소셜미디어를 통해 적극적인 커뮤니케이션 행위를 하는 집단이다.

　　트위터는 유명인들이 팔로워들과 관계를 맺는 방식에 따라 크게 사회이슈형, 관계확장형으로 나눌 수 있다. 사회이슈형 트위터는 우리 사회가 직면한 사회이슈에 대한 자신들의 솔직한 견해를 과감히 밝힘으로써 대중들에게 영향력을 행사하는 유형이다.

　지난해 대학등록금 반값집회가 확산됐을 때 인기 연예인 김제동 씨가 자신의 트위터를 통해 반값등록금 실현을 위한 자신의 의견을 전달한 것이 이 유형의 대표적 예다. 김여진 씨 또한 트위터를 통해 대중과 소통하면서 홍익대 청소노동자문제, 대학생 반값등록금 문제, 한진중공업사태 등 다양한 사회적 이슈에 대한 자신의 정치적 견해를 피력하고 있다.

　김여진 씨는 주간경향(2011년 7월 5일자 참조)과의 인터뷰에서 4년 전 JTS(Joint Together Society)라는 구호단체에서 활동하면서 사회문제에 관심을 갖게 됐다고 말했다. 트위터를 이용하게 된 배경에 대해서는 다음과 같이 언급했다.

　"트위터에서 사람들의 호소를 듣죠. 듣다 보면 가 보고 싶어요. 거기가 좀 다른 지점이에요. 저는 가서 직접 들어보고 싶어요. 그렇게 가면 제가 갔다는 것 때문에 기자 분들이 써주시는 거죠. 한 걸음 한 걸음 그렇게 되어온 것 같아요."

"어떻게 보면 저는 이미 제 정치를 하고 있어요. 너무나 다행히도 트위터라든 가 SNS가 생겼잖아요. 굳이 건물을 짓고 회의하고 할 필요가 없어요. 제가 이슈 의 중심에 서게 된 이유는 아무것도 없어요. 트위터 하나거든요. 제 트위터 팔로 워가 다른 스타들처럼 많지도 않아요. 그런데도 불구하고 목소리를 내고 사람 들한테 공감을 가지는 힘이 되잖아요. 그건 저 뿐만이 아니라 누구나 할 수 있다 는 얘기죠. 스타가 아니어도, 유명인이 아니어도 된다는 거죠."

반면, 관계확장형 트위터는 트위터 개설을 통해 팔로워들과 사적으로 친 밀한 관계를 맺으면서 인적 네트워크를 확장하는 유형이다.

박용만 두산회장이 자신의 트위터를 통해 소소한 일상과 개인적인 삶의 이야기를 전하면서 격의 없이 대중들과 소통하는 예가 이에 해당한다. 2012 년 12월 현재 박 회장을 따르는 팔로워 수는 14만8천 명에 육박하고 있다.

소셜미디어가 세상을 바꾼다

〈트위터 의견지도자 유형〉

트위터에서 의견지도자는 대체로 많은 팔로워 수를 갖고 있으면서 특정한 이슈나 사건에 대해 의견을 형성할 수 있는 영향력을 가진 사람으로 정의할 수 있다. 이러한 트위터 리더는 세 가지 유형으로 구분된다.

첫 번째 유형은 정치인이나 연예인 등 공인으로서 높은 사회적 영향력을 행사하면서 다양한 정보와 의견을 올리는 '복합형 의견지도자' 다.

두 번째 유형은 질 높은 정보와 분석적인 의견을 바탕으로 사회적 영향력을 형성하는 '정보력에 의한 의견지도자' 다.

세 번째 유형은 공인으로서 사회적으로 대중의 관심을 받는 것에 의존해 영향력을 행사하게 되는 '인지도에 의한 의견지도자' 다.

출처 : 이옥기(2011), 트위터의 리더와 팔로워 유형과 특성에 대한 사용자 인식에 관한 연구.

대기업의 CEO임에도 불구하고 그는 옆집 아저씨처럼 직원들과 격의 없이 지내는 것으로 유명하다. 트위터를 통해 그는 젊고 개방적인 이미지를 훨씬 풍기고 있다. 물론, 이 외에도 다양한 유형의 트위터 활용방식이 있을 수 있다.

이처럼 공인들이 파워블로거에 버금가는 파워트위터로 등장하자 포털사이트 다음의 경우 메인페이지에 트위터 코너를 만들어 유명 정치인이나 연예인의 트위터를 연동시키고 있다. 이 때문에 일반인에게 잘 알려진 남희석 씨나 이외수 씨, 노회찬 씨, 김여진 씨 등 유명인들이 트위터에 올린 글을 누구나 쉽게 읽을 수 있다. 즉 트위터를 통해 활발한 활동을 하고 있는 공인들의 생각과 주장을 일반인들도 쉽게 접할 수 있다.

일반인들은 공인들이 평소 무슨 생각을 갖고 있고 어떤 행동을 하는지 잘 모르는 경우가 많다. 단지 미디어를 통해 묘사되거나 비쳐진 그들의 모습을 보고 이미지를 형성하기 쉽다. 트위터의 등장으로 공인들이 평소 어떤 문제에 관심을 갖고 어떻게 일상을 보내고 있는지, 그들의 생활을 누구나 쉽게 들여다볼 수 있게 되었다.

소셜미디어혁명

소셜미디어는 사회운동의 참여방식에도 많은 영향을 미치고 있다. 예를 들어, 지난해 초 중동을 강타한 민주화운동, 이후 발생한 일본 동북부지방 대지진 사건, 한국 대학생들의 반값등록금 촛불시위, 이 모든 현장에 소셜미디어가 있었다.

'소셜미디어혁명' 이라고 불리는 중동의 민주화혁명은 소셜미디어가 있었기에 확산될 수 있었다. 중동지역 대부분의 언론은 정치권력에 의해 장악돼 있어 정부의 이익을 대변할 수밖에 없었다. 개방적인 플랫폼인 트위터를 통해 시위상황과 요구 등이 신속하게 전달되면서 소셜미디어는 독재와 억압에 눌린 중동 시민들의 자유로운 의사소통의 공간이 되었다.

트위터는 아랍권 젊은이들의 메시지를 빠르게 전파하고 이들을 결집해 튀니지, 이집트, 리비아의 독재자를 잇달아 물러나게 한 '아랍의 봄' 에 결정적 역할을 했다. 아랍권에서 트위터 사용자는 빠르게 증가하고 있으며 트위터로 전달된 아랍어 메시지는 지난 1년간 2146% 증가했다. 모든 언어를 통틀어 가장 빠른 증가 속도이다.

일본 동북부지방에 발생한 대지진 때도 소셜미디어를 통해 서로의 안부를 묻기도 했으며 피해지역을 돕는 모금운동이 트위터를 통해 활발히 전개됐다.

소셜미디어는 또한 한국 대학생들의 반값등록금 시위 확산과정에 중요한 역할을 했다.

　전국 대학생들의 모임인 21세기 한국대학생연합은 웹사이트와 함께 반값 촛불 공식트윗(@hdrzzang)을 만들어 반값등록금실현을 위한 투쟁을 적극적으로 알렸다. 팔로워 수는 수천여 명에 불과하지만 트위터를 통해 매일 청계광장에서 벌어지고 있는 촛불시위현장을 알리고 국민들의 지지를 호소했다.

　[반값촛불공식트윗] 반값등록금 실현을 위해 대학생들이 촛불을 듭시다!! 매일 저녁7시!!! 청계광장에서 반값등록금 촛불이 열립니다!! 재능, 식량, 성금을 기부받고 있습니다!!^^ 기부하실 분들은 멘션 남겨주세용 ㅋ

소셜미디어는 한 개인의 대인관계와 인적 네트워크를 보여주는 중요한 지표로도 활용되고 있다. 이 때문에 기업체에서는 신입사원을 선발할 때 지원자가 작성한 소셜네트워크 주소를 눈여겨본다. 즉 지원자가 소셜미디어 상에서 얼마나 많은 친구들을 확보하고 있고 그들과 상호작용을 얼마나 활발히 하는지를 선발의 중요한 기준으로 삼고 있다. 온라인 인맥이 많다면 그만큼 오프라인 인맥도 많다고 볼 수 있기 때문이다.

이처럼 소셜미디어는 불과 몇 년 사이에 우리의 일상을 파고들었다. 이제 트위터를 하는 것은 자연스러운 일이 되었고 명함에도 이메일뿐 아니라 트위터 계정을 넣는 것이 보편화되어 가고 있다.

소셜미디어, 총선과 대선을 좌자우지하다

소셜미디어는 국내 총선과 대선에 중요한 역할을 하고 있다. 무엇보다도 소셜미디어는 그동안 선거에 무관심했던 10대 후반과 20대들을 투표장으로 이끌 것으로 기대된다. 또한 팔로워 수를 많이 확보한 후보일수록 지지층을 확대할 것으로 예상된다. 실제로 지난 2010년 강원도지사 보궐선거에서 당선된 최문순 후보의 당시 선거전략은 트위터 등 SNS를 활용한 시민참여운동이었고 20~40대 젊은 유권자층을 적극적으로 공략해 지지를 이끌어냈다.

2011년 10월 26일 서울시장 보궐선거에서도 트위터를 통한 선거캠페인과 투표 참여독려운동이 젊은 층의 투표참여를 확산시키는 데 큰 기여를 했다. 특히 트위터는 투표참여를 높이는 데 중요한 역할을 했다.(박스 참조)

이창호(2012)는 소셜미디어가 대학생들의 정치효능감 및 관심, 투표참여에 어떤 역할을 했는지를 지난 2012년 4월 11일에 치러진 19대 총선을 중심으로 살펴보았다. 이를 위해 4.11 총선 투표에 참여한 1,893명의 대학생들을 대상으로 설문조사를 실시하였다. 연구결과, 소셜미디어를 하루 얼마나 이용하는지와 정치, 사회적 정보를 얻기 위해 소셜미디어에 의존하는 정도는 정치효능감과 정치관심, 투표참여에 유의한 영향을 미치지 않은 것으로 나타났다. 단지, 여러 소셜미디어(블로그, 트위터, 페이스북, 카카오톡) 가운데 트위터 이용 정도만이 대학생들의 투표참여를 활성화하는 데 기여하였다. 이러한 결과를 통해 볼 때, 대학생들은 카카오톡이나 페이스북, 블로그보다는 트위터를 통해 정치적 소통을 활발히 하고 있음을 유추해 볼 수 있다.

중앙일보 한 논설위원은 트위터와 선거에 대한 흥미로운 분석을 내놓았다.(박스 참조)

트위터리안은 급증하고 있다. 지난해(2010년) 6월 서울시장 선거 당시 100만명이었는데 지난 4월 분당보궐선거 때는 250만으로 늘었고 최근 400만으로 추산된다. 트위터 100만 시절 민주당(한명숙 후보)은 0.6% 차이로 한나라당(오세훈 시장)에 졌다. 트위터 250만이 되면서 민주당(손학규)은 한나라당(강재섭)을 2.7% 차이로 이겼다. 트위터 400만 시점에서 박원순은 한나라당 나경원을 7.2% 차이로 이겼다.

출처 : 중앙일보(2011년 10월 28일자)

트위터가 정치인과 유권자 간의 정치커뮤니케이션의 활성화에 기여하게 되자 정치인들의 트위터 연결망 분석도 흥미를 끌고 있다.

한 조사결과 트위터 상에서 영향력을 발휘하는 정치인 중 가장 영향력이 있는 정치인은 민주노동당 이정희 대표로 나타났고, 천정배 의원과 정동영 의원, 안희정 충남도지사가 뒤를 이었다(주간동아 792호, 2011. 06 참조).

즉 여당인 한나라당보다도 야당 의원들의 트위터 참여가 적극적이었다. 이들 정치인들의 공통점은 보좌관이나 다른 사람들이 아닌 본인 스스로 글을 쓴다는 점이고 스마트폰을 통해 필요할 때 현장에서 바로 글을 올린다는 점이다. 물론, 가급적이면 모든 질문에 답하려고 노력하고 일방향적 의사전달보다 쌍방향적 의사소통을 실천하려고 애를 쓴다.

소셜미디어는 총선, 대선에서 후보자들의 당락을 좌지우지할 새로운 변수로 떠오르고 있다. 소셜미디어에 기반한 정치는 언제 어디서나 정치적 소통과 참여가 가능한 환경을 만들고 있다는 점과 생활이슈 중심의 정치적 의제를 형성할 수 있다는 점에서 긍정적인 측면을 가지고 있다(소셜미디어연구포럼, 2012).

또한 소셜미디어는 대중의 정치에 대한 관심을 높이며 정치효능감을 증진시키기도 한다. 소셜미디어의 파급효과와 영향력을 고려하면 진솔한 이야기를 통해 유권자와 꾸준히 소통하고 공감대를 형성할수록 다가올 선거에 당선될 가능성이 높아지리라 예상된다.

2장

소셜미디어란 무엇인가

2

소셜미디어란
무엇인가

소셜미디어의 정의

소셜미디어란 용어는 가이드와이어 그룹(Guidewire Group)의 창업자인 크리스 쉬플리(Chris Shipley)가 2004년 한 컨퍼런스에서 처음 사용하면서 주목을 끌기 시작했다. 아래에 서술된 위키백과의 정의에서도 나타나듯이, 소셜미디어는 이용자들이 자신의 일상경험과 평소 생각, 의견 등을 자유롭

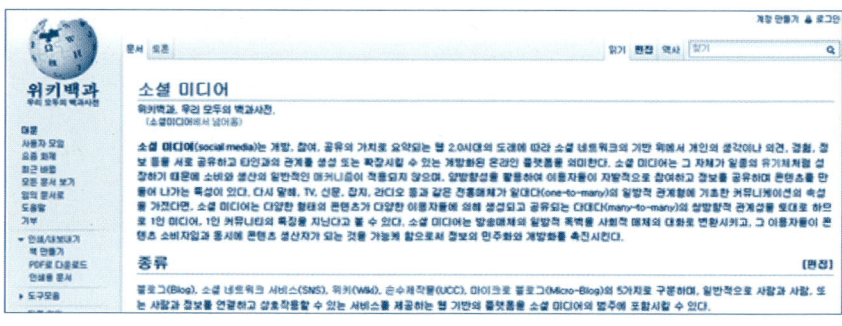

소셜미디어란?

소셜미디어(Social media)는 사람들이 자신의 생각과 의견, 경험, 관점 등을 서로 공유하고 참여하기 위해 사용하는 개방화된 온라인 툴과 미디어 플랫폼으로, 가이드와이어 그룹의 창업자인 크리스 쉬플리가 처음 이 용어를 사용하였다. 소셜미디어는 그 자체가 일종의 유기체처럼 성장하기 때문에 소비와 생산의 일반적인 메커니즘이 동자하지 않으며, 양방향성을 활용하여 사람들이 참여하고 정보를 공유하며 사용자들이 만들어 나가는 미디어를 소셜미디어라 부른다.

소셜미디어는 접근이 매우 용이하고 확장가능한 출판기법을 사용하여, 사회적 상호작용을 통하여 배포될 수 있도록 설계된 미디어를 말한다. 사회적 미디어(Social Media)는 방송미디어의 일방적 독백을 사회적 미디어의 대화로 변환시키는 웹 기반의 기술을 이용한다. 소셜미디어는 지식과 정보의 민주화를 지원하며 사람들을 컨텐츠 소비자에서 컨텐츠 생산자로 변화시킨다.

출처 : 위키백과

게 나누는 참여적이고 개방적인 온라인 플랫폼이다. 즉 참여, 공유, 개방을 바탕으로 한 웹 2.0 환경에 잘 부합하는 소통방식인 셈이다.

소셜미디어는 흔히 SNS와 비슷한 의미로 사용되기도 한다. 보이드와 엘리슨(Boyd & Ellison)은 소셜네트워크 서비스(SNS, Social Network Service)를 "개인의 프로필을 구성하고 개인들 간의 관계를 통해 형성된 연결을 공유하며 이러한 연결을 바탕으로 일어나는 개인들 간의 상호작용을 지원하는 웹 기반의 서비스"라고 규정한다(고상민·황보환·지용구, 2010서 재인용). 즉 소셜네트워크 서비스는 온라인 상에서 이용자들이 자유롭게 의사소통하며 커뮤니티 형성을 가능하게 하는 서비스다.

그렇다면, 소셜미디어 이용자들은 소셜미디어를 어떻게 개념정의하고 있을까? 페이스북 친구들에게 소셜미디어가 무엇인지 자유롭게 댓글을 달도록 했다. 페이스북 이용자들은 자유롭게 이야기를 나누고 경험을 공유하는 편안한 공간으로 소셜미디어를 생각하고 있었다. 또한 새로운 소통방식을 추구하고자 하는 젊은 세대들의 해방구라는 의견도 있었다.

소셜미디어 이용자들이 전하는 소셜미디어에 대한 정의

페이스북에 소셜미디어에 관한 책을 준비중인데 소셜미디어가 무엇이라 생각하는지 댓글을 달아달라고 페이스북 친구들에게 부탁했다.

= 기존 매체에 나타난 구태의연함과 일방적인 소통에 식상해 하는 새로운 세대들의 가상적 해방구가 아닌가 싶다. 다층적인 소통의 기제를 통해 보다 자유롭게 자신의 의사를 가상공간에 내뱉는 일종의 배설의 카타르시스도 느끼는 것 같다.

= 가상의 사람들과 연결되어 있다고 생각함으로써 얻을 수 있는 가상의 편안함을 추구하는 가상의 네트워크라고 생각한다.

= 넓은 의미의 친구모임 같다는 생각으로 페이스북에 들른다. 친한 친구, 그냥 친구, 진지한 얘기, 썰렁한 얘기, 내 얘기, 남 얘기를 하고 들을 수 있는 곳. 고등학교 동기모임에 나간다고 해서 다 아는 사이는 아니듯이, 꼭 다 알아야만 서로 얘기를 나누는 것이 아니듯이, 페이스북에서는 서로 어느 정도 아는 사이라는 걸 전제로 얘기를 나누는 공간인 것 같다.

= 관계를 맺는 최신의 채널? 웹의 본래적 특징인 링크, 오픈, 공유 이런 것들과 모바일의 실시간이 결합하여 기존의 채널보다 업그레이드된…

고상민 · 황보환 · 지용구(2010)는 소셜네트워크 서비스 기능을 모두 다섯가지 요인으로 정의하고 있다. 즉 이용자들은 소셜네트워크 서비스를 통해 전문적인 지식을 갖고 있는 사람들을 찾거나 친구나 동료 등 알고 지내는 사람들과 연락하기도 한다. 또한 개성을 표현하거나 기분이나 감정을 표현하기 위해 서비스를 이용하기도 한다.

〈표〉 소셜네트워크 서비스 기능에 대한 정의

요 인	정 의
전문가 검색	소셜네트워크 서비스를 통해 평소 만날 수 없었거나 전문적인 지식을 소유하고 있는 사람들을 검색하는 기능
커뮤니케이션	소셜네트워크 서비스를 통해 자신의 의견을 상대방에게 전달하거나 친구들과 대화를 나누기 위한 기능
연결	소셜네트워크 서비스를 통해 오프라인상으로 관계를 맺고 있는 사람들과 연락하면서 관계를 유지하는 기능
콘텐츠 공유	소셜네트워크 서비스를 통해 알고 싶은 정보나 음악, 동영상 등의 콘텐츠를 공유하거나 배포하는 기능
정체성	소셜네트워크 서비스를 통해 자신의 최근 상황이나 기분, 감정 등을 표현하고 자신만의 개성을 표현하는 기능

소셜미디어는 아이폰이나 갤럭시 S와 같은 모바일 기기의 보급과 더불어 확산되기 시작했다. 즉 초기의 소셜네트워크 서비스는 웹에서 출발했지만 와이브로나 와이파이 등 모바일 네크워크 환경의 개선과 스마트폰의 확산과 더불어 언제 어디서든지 실시간 소통이 가능하게 된 것이다(김문구·박종현·조영환, 2010).

한국인터넷진흥원이 지난해 11월 스마트폰 이용자 2,109명을 대상으로 조사한 결과, 스마트폰 이용자의 64%가 SNS를 이용하고 있었다. 이유는 '장소에 관계없이 SNS 이용이 가능해서'(73.5%), '스마트폰을 항상 갖고 다니기 때문'(72.7%), '필요시 즉시 SNS를 이용할 수 있어서'(65.7%) 순으로 나타났다(한국인터넷진흥원, 2011).

소셜미디어의 확산속도 또한 가히 혁명적이다. 전세계 사용자 5억 명을 돌파하기까지 라디오는 38년, TV는 13년, 인터넷은 4년, 아이팟은 3년, 페이스북은 1년, 트위터는 9개월이 걸렸다.

소셜미디어의 확산요인으로는 개인화, 소형화, 모바일화가 꼽히고 있다

(이항우 · 이창호 · 김종철 · 임현경 외, 2010). 즉 소셜미디어의 확산은 공식적, 비공식적 집단으로부터 독립된 개인이 정보의 생산과 소비, 유통의 주체로 나서고 있기 때문이라는 것이다. 또한 정보가 범람하는 시대에 축약된 간결한 정보에 대한 욕구가 증대되면서 소셜미디어가 널리 활용되고 있다. 언제 어디서든지 인터넷에 접속함으로써 정보를 자유롭게 공유할 수 있는 모바일 기기의 확산도 소셜미디어의 확산에 중요한 역할을 했다.

소셜미디어의 특징

소셜미디어의 특징은 참여, 공개, 대화, 커뮤니티, 연결이다. 즉 소셜미디어는 특정 신분이나 계층에 상관없이 누구나 참여할 수 있는 매체인 동시에 개인의 일상사와 관심을 함께 공유할 수 있는 플랫폼이다.

소셜화는 정보통신기술의 주요한 트렌드로 인맥형성, 집단지성의 협업이 강조되고 관계중심의 커뮤니티에 대한 관심이 높아지면서 새롭게 주목받고 있는 개념이다.

이러한 특성으로 인해 소셜미디어는 사회적 소통을 활성화하는 데 많은 기여를 할 것으로 기대되고 있다(김문구 · 박종현 · 조영환, 2010).

소셜미디어는 전통적인 매체인 신문이나 방송 등 대중매체와 여러 면에서 구별되기도 한다(설진아, 2009).

먼저 대중매체는 개인이나 국가가 소유하는 형태를 취하지만 소셜미디어는 누구나 적은 비용으로 이용 가능하다. 속보성 면에서도 대중매체에 비해 실시간 소통이 가능한 소셜미디어가 훨씬 앞선다. 대중매체 생산을 위해서는 전문화된 기술과 훈련이 요구되지만 소셜미디어의 경우 누구나 쉽게 콘텐츠를 생산할 수 있다는 특징이 있다.

소셜미디어는 웹 3.0 미디어로 분류되기도 한다(김성태 외, 2011). 웹 1.0

소셜미디어가 세상을 바꾼다

〈표〉 소셜미디어의 특징

구 분	내 용
참여(participation)	소셜미디어는 관심 있는 모든 사람들의 기여와 피드백을 촉진함
공개(openness)	대부분의 소셜미디어는 피드백과 참여가 공개되어 있으며, 정보 공유를 촉진함으로써 콘텐츠 접근과 사용에 대한 장벽을 해체함
대화(conversation)	전통적인 미디어의 경우 콘텐츠가 일반적으로 청중에게 전달되는 반면 소셜미디어는 쌍방향성을 띠고 있음
커뮤니티(community)	소셜미디어는 커뮤니티를 빠르게 구성할 수 있고 공통의 관심사에 대해 이야기할 수 있는 공간을 마련함
연결(connectedness)	대부분의 소셜미디어는 다양한 미디어의 조합이나 링크를 통한 연결에서 출발함

출처 : 한국정보화진흥원(2010)서 재구성함

단계는 웹의 초기 모델로 인터넷 홈페이지나 커뮤니티, 이메일 서비스 등을 통해 이용자가 정보를 제공받는 수준에 머물렀다. 이후 블로그나 미니홈피, UCC 등이 등장하면서 이용자들이 적극적으로 정보를 생산하고 공유할 수 있는 웹 2.0 시대가 도래했다. 웹 2.0은 개방, 공유, 참여라는 중요한 특징을 지니고 있다.

스마트폰의 보급과 확산, 트위터, 페이스북의 등장은 언제 어디서든지 접속할 수 있는 연결될 수 있는 웹 3.0 환경을 만들어냈다. 이 단계에서는 이용자가 개인의 욕구나 필요에 맞는 맞춤형 정보를 제공받을 수 있다. 디지털 컨버전스를 기반으로 한 웹 3.0 시대는 지식과 네트워크 중심의 개인 맞춤형 소셜네트워크 서비스가 대표적인 정치참여수단이 된다.

송민정(2011)은 SNS의 성장 잠재력을 크게 시간적, 대상적, 비용적, 관계적 가치에서 찾을 수 있다고 주장한다. 즉 시간적 가치 측면에서 보면 SNS의 잠재력은 신속성과 지속성이다. SNS를 통해 신속하게 정보가 전달되고 공유된다. SNS는 또한 국가와 계층을 넘어 다양한 사람들에게 콘텐츠를 확산시키는 대상적 가치를 지니고 있다. 소셜미디어의 경우 비슷한 관심과 라이프스타일을 지닌 사람들까지 연결돼 있는 경우가 많아 기존 미디어에 비해 적은 비용으로 목표 집단 개발이 가능하다는 면에서 경제적 가치를 지닌다.

　마지막으로 관계적 가치에서 본 성장잠재력은 참여자의 흥미와 호기심을 자극하는 홍보와 마케팅이다. 이처럼 소셜미디어는 실시간 전송과 폭넓은 네트워크, 경제성 등 잠재력이 풍부한 매체이다.

〈SNS사용에 대한 미국인들의 반응〉

　미국의 Pew Research Center는 소셜네트워킹 이용자들에게 SNS를 사용한 뒤의 느낌을 한 마디로 표현하면 뭔지를 자유롭게 서술하도록 질문했다. 그 결과, 좋다(good)는 응답이 가장 많았고, 긍정적 반응들이 부정적 반응보다도 훨씬 많은 것으로 드러났다. 긍정적 반응 톱 10과 부정적 반응 톱 10은 다음과 같다.

긍정적인 반응	부정적인 반응
Good(좋은)	Boring(따분한)
Fun(재미있는)	Confusing(혼란스러운)
Great(대단한)	Frustrating(실망스러운)
Interesting(흥미있는)	Time-Consuming(소모적인)
Convenient(편리한)	Overwhelming(압도적인)
Excellent(훌륭한)	Addictive(중독성이 있는)
Easy(쉬운)	Annoying(짜증나게 하는)
Awesome(경탄할만한)	Addicting(중독성이 있게 하는)
Informative(정보성이 있는)	Mediocre(보잘것없는)
Useful(유용한)	Overrated(과대평가된)

출처 : Pew Internet(pewinternet.org) 홈페이지

소셜미디어가 세상을 바꾼다

소셜미디어의 종류

소셜미디어는 사용자의 상호작용과 관계에 의해 콘텐츠가 생성되고 확산되는 메커니즘을 가지고 있는데 트위터와 더불어 블로그, 페이스북(facebook) 등이 소셜미디어에 속한다(류한석, 2009).

소셜미디어의 유형으로는 트위터와 같이 단문메시지로 수익을 창출하는 마이크로 블로그, 페이스북과 같이 프로파일을 올리고 의견을 교환하고 관계를 형성하는 소셜네트워크 서비스, 위키피디아와 같은 온라인 백과사전, 유튜브와 같은 사진·비디오공유 서비스 등이 있다.

〈표〉 소셜미디어의 종류

구 분	특 징
블로그	이용자들이 웹에 기록하는 일기나 일지를 뜻하는 온라인상의 저널
SNS(Social Network Service)	이용자들이 자신의 웹 페이지를 구축한 뒤 친구들과 연결하거나 콘텐츠를 공유하고 상호작용할 수 있도록 하는 서비스로 싸이월드, 페이스북 등이 이에 해당
위키스	온라인백과사전인 위키피디아와 같이 온라인상의 데이터베이스 역할을 함
콘텐츠 커뮤니티	콘텐츠를 생산하고 공유하는 커뮤니티로 유튜브가 대표적 사례
팟 캐스트	방송과 아이팟(iPod)의 합성어로 아이튠(iTunes)과 같은 서비스를 통해 오디오 및 비디오파일을 구독할 수 있는 것
포럼	다음의 아고라 광장과 같이 특정한 주제에 대해 온라인 토론이 이뤄지는 것
마이크로블로깅	트위터와 같이 간단한 콘텐츠를 배포하는 소셜네트워크 서비스

출처 : 황유선·박남기(2010). 『미디어기업의 소셜미디어 활용』. 27페이지.

〈유튜브와 강남스타일〉

　　최근 인기를 끌고 있는 강남스타일은 유튜브가 있었기에 세계적으로 확산됐다고 해도 과언이 아닐 정도로 이 노래가 빠르게 전파된 데는 소셜미디어인 유튜브의 영향력이 컸다. 2012년 조회건수가 9억을 넘었을 정도로 강남스타일은 전 세계적으로 유명해졌고 이를 모방한 율동도 인기를 끌고 있다. 심지어 2012년 미국 대선 때도 후보들은 강남스타일로 유권자들의 지지를 호소하기도 했다.

PSY - GANGNAM STYLE (강남스타일) M/V

officialpsy · 동영상 45개

1,942,763

917,337,267

👍 5,783,740 　👎 382,834

최민재·양승찬(2009)은 소셜미디어의 유형을 크게 네 가지로 분류한다. 가장 대표적인 모델은 커뮤니케이션 모델로 블로그와 소셜네트워킹사이트, 싸이월드, 티스토리, 아이러브스쿨, 포털블로그 등이 대표적인 예다. 두 번째는 협업 모델로 위키피디아나 네이버지식인 같은 사이트들이 이에 해당한다. 세 번째는 컨텐츠공유 모델로 유튜브나 판도라TV 같은 사례가 이에 속한다. 네 번째는 엔터테인먼트 모델로 대표적인 예는 세컨드 라이프다.

여기서는 국내외 대표적인 소셜미디어인 트위터, 페이스북, 카카오톡, 미투데이에 대해 자세히 알아보고자 한다.

트위터

트위터의 본래 의미는 '재잘거리다' 라는 뜻으로 이용자들이 140자 이내의 짧은 글을 주고받는 네트워크 서비스를 제공하고 있다. 이 때문에 소셜미디어(Social Media) 혹은 소셜 네트워킹 서비스(SNS, Social Networking Service)로 불리며 진화를 계속하고 있다.

트위터는 2006년 잭 도시(Jack Dorsey), 이반 윌리엄스(Evan Williams), 비즈 스톤(Biz Stone) 등이 공동으로 개발한 마이크로 블로그 또는 미니블로그로서 미국의 벤처기업인 Obvious Corp이 처음으로 개설한 무료 정보 네트워크 서비스이다(네이버백과사전, 안재민, 2009 참조). 잭 도시는 자신의 친구들이 지금 무엇을 하고 있는지 궁금해 하는 것에서 아이디어를 얻어 사이트를 만들었다고 한다(이광수·조연아·김성일, 2009).

트위터 홈페이지(twitter.com)에 따르면, 트위터는 전 세계 사람들이 현재 일어나고 있는 일들이나 발견한 것들을 공유할 수 있는 실시간 정보네트워크다. 가령, 트위터를 통해 기업들은 소비자들의 제품에 대한 만족도를 실시간으로 체크할 수 있고 신제품에 대한 홍보를 할 수 있다. 또한 연예인들은 출연중인 영화, 드라마에 대한 소개나 새로 나온 앨범에 대한 홍보 등을 트위터를 통해 팔로워들(followers)에게 전달할 수 있다. 이처럼 트위터는 온라인 공간에서의 중요한 마케팅, 홍보 수단으로 최근 주목을 받고 있다.

사실, 그동안 온라인을 통해 메시지를 주고받는 방법은 이메일(Electronic Mail), 메신저(IM, Instant Messaging), 문자메시지(SMS, Short Message Service) 등 다양했다. 트위터는 이러한 서비스들을 대체하는 것이 아니라 보다 개방적인 서비스를 제공하면서 새로운 형태의 서비스를 선보이고 있다고 볼 수 있다.

트위터는 블로그의 인터페이스, 미니홈페이지의 '친구맺기' 기능, 메신저의 신속성을 모두 갖춘 사회적 네트워크 서비스로 관심 있는 상대방을 뒤따르는 '팔로우(follow)'라는 독특한 기능을 중심으로 소통한다(네이버백과사전에서 인용). 이 때문에 이용자들은 소통하기 어려운 유명 연예인이나 정치인 등 누구와도 소통이 가능하다.

기존의 미니홈피에서 선보였던 '일촌맺기'는 상대방의 동의하에 주로 아는 사람과 맺어진 다소 폐쇄적인 네트워크 구조였다면 트위터는 상대방의 의사와 무관하게 타인과 자유롭게 소통할 수 있는 점이 다르다. 트위터는 또한 리트윗(Retweet)이라는 기능을 통해 자신이 따르고 있는 사람이 쓴 글을 자신을 따르는 다른 사람과 쉽게 공유할 수 있도록 해 정보의 확산 속도가 빠른 특징이 있다(김태현, 2010).

트위터가 140자 이내의 짧은 글만 올릴 수 있도록 한 이유는 휴대폰의 단문문자서비스(SMS) 글자수에 맞추기 위해서다(류한석, 2009). 또한 짧은 글이나 메시지에 대중들이 익숙해져 가고 있기 때문에 간단한 메시지를 주고받는 서비스가 시작됐다고 볼 수 있다.

황혜정(2009)은 트위터의 성장을 견인하는 힘을 다음 몇 가지 측면에서

소셜미디어가 세상을 바꾼다

찾는다. 첫째, 이용의 편리성이다. 즉 글을 올리는 사람이나 읽는 사람 모두 빠르고 가볍게 부담 없이 이용할 수 있다는 것이다. 둘째, 접근용이성이다. 트위터를 이용하기 위해서는 휴대가 용이한 스마트폰과 같은 모바일 기기와 인터넷이 연결된 컴퓨터가 있으면 된다. 셋째, 독특한 네트워크 확장방식이다. 즉 트위터에서는 이용자가 관심 있는 사용자의 사이트에 가서 following 실행을 하면 '관계맺기'가 이뤄진다. 이 같은 기능으로 인해 모르는 사람과의 인적 네트워크 형성이 가능하다.

이광수·조연아·김성일(2009) 또한 트위터의 성장원인으로 단순함과 높은 접근성, 다양성과 개방성을 꼽고 있다. 즉 트위터는 자체를 개방하여 다양한 응용프로그램이 연계될 수 있도록 하고 있다. 이 때문에 텍스트뿐 아니라 사진과 동영상을 트위터에 올릴 수 있으며 트위터를 통해 간단한 여론조사도 실시할 수 있다.

몇 년 전 미국에서 인기를 모았던 트위터는 이제 국내에서도 많은 이용자를 확보하고 있다. 오바마 미국 대통령이 트위터를 대통령 선거캠페인에 효과적으로 활용하면서 알려지기 시작한 트위터는 오프라 윈프리, 샤킬 오닐 등 유명인들의 사용이 점점 늘어나면서 확산되고 있다.

국내에서는 특히 2009년 5월 김연아 선수가 트위터를 이용한다는 사실이 알려지면서 그 해 6월 이용자 수가 58만 명에 달했고 11월에는 60만 명 가량이 트위터를 이용했다. 이후 소설가 이외수와 방송작가 김수현 등 유명인들의 트위터 개설이 이어지면서 트위터 인구는 급속히 증가하기 시작했다.

또한 트위터를 쉽게 즐길 수 있는 아이폰 등 스마트폰의 도입과 확산으로 트위터 이용자들이 빠르게 증가하고 있는 추세다. 실제로 미국의 경우 아이폰 사용자 3명 중 2명꼴로 트위터를 사용하고 있다고 한다(이광수 · 조연아 · 김성일, 2009).

한국의 트위터 인기순위를 보면 대부분이 스포츠 스타, 가수, 정치인 등 유명인들의 트위터가 상위에 랭크되어 있다(안재민, 2009). 아울러 트위터는 유명연예인들이 대중과 소통할 수 있는 중요한 채널이 되고 있다. 가령, 탤런트 이다해 씨는 자신이 MC를 본 한 시상식에서의 옷차림이 네티즌 사이에서 '드레스 굴욕'으로 이슈가 되자 2011년 3월 자신의 트위터에 다음과 같이 심경을 밝혔다.

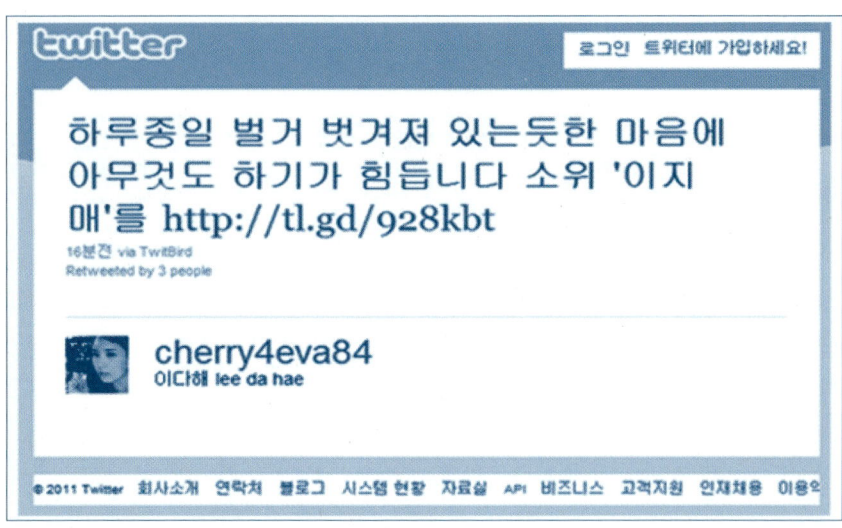

하루 종일 벌거벗겨져 있는 듯한 마음에 아무것도 하기가 힘듭니다. 소위 '이 지매'를 당하면 이런 느낌일까요? 운동장 한가운데 세워놓고 모든 친구들이 손 가락질하고 비웃고 놀리고, 차라리 발로 걷어차이고 두드려 맞는 것이 나을지 모릅니다. 제가 제 치마 사이로 보이는 것이 그것이 진정 무엇이고 어떤 상황이 있었다 얘기를 한들 무엇하겠습니까? 구차하고 우스운 설명과 변명으로 밖에 안 보일 텐데. 어차피 화장실에서 볼일 보고 대롱대롱 달고나온 추접스러운 휴 지로 생각하고 그렇게 판단하고 이미 기사는 써내려졌는데. 그래야 재밌죠.

또, 대박거리다 생각하며 친절하게도 한 여자의 치맛 속 가랑이 사이를 확대 시켜가며 화살표까지 만들어 넣는 분이나, 그것을 보고 낄낄거리며 재밌어 하 고 쌤통으로 생각했을 알지 못하는 어느 분들의 얼굴을 상상하면 악마보다 더 사악하고 무섭게 느껴집니다.

연기자로서 많은 분들의 가십거리나 심심풀이 땅콩이 되는 것도 가끔은 고맙 게 느껴집니다. 어쩌면 저에 대한 관심에서 비롯된 거고 제가 감수해야 할 부분 이니까. 근데 이번 일은 저도 좀 힘드네요. 남 좋은 일에 박수쳐줄 마음보단 좋 지 않은 일에 더 흥미를 느끼고 우르르 몰려 한 사람을 깎아 내리기 바쁜 사람들 이 이 세상에 많이 살고 있구나라는 생각에 마음이 힘듭니다.

하나의 해프닝이겠죠. 내일 되면 또 그냥 넘어가겠죠. 근데 제 마음에 상처와 수치심이 사라지려면 그것보단 조금 더 걸릴지 모릅니다.

전 겁이 납니다. 전 배우이기 전에 여자고, 여자이기 전에 너무나 실수투성인 인간인지라 내가 정말 연기자 생활을 잘할 수 있을까 회의까지도 들었습니다. 그래도 많이 부족하고 서툴러도, 자꾸만 넘어져도, 절 감싸주고 있고 일으켜 세 워주시는 팬분들이 많다는 걸 알기에 다시 힘을 내어 봅니다.

어찌 보면 그냥 웃으며 지나갈 수 있는 일인데 이 글을 올림으로 해서 제 스스 로가 불을 지피는 꼴이 된다 하여도. 그래도 그것이 무서워 제 자신을 부당한 것 으로부터 매번 지키지 못하는 건 그것이야말로 스스로에 대한 진정한 굴욕일 것 같단 생각이 들었습니다.

이 글이 트위터를 통해 확산되자 많은 네티즌들이 이씨를 격려하는 글을 올렸고 힘을 얻은 이다해 씨는 트위터에 다음과 같은 글을 올렸다.

> 감사합니다 여러분. 어찌 보면 다 제가 꼼꼼하지 못했던 불찰에서 비롯된 건데 제가 너무 어리광을 피운 것일 수도. 감사해요 그래도 감싸주셔서. 앞으로 연기자 생활하면서 저 혼자만의 바보 같은 생각에서 벗어나 계속 여러분과 소통하고 싶습니다. 좋은 하루 되세요!

90여만 명의 팔로워를 확보하고 있는 김제동 씨는 대학생들의 등록금 반값운동에 누구보다도 적극적으로 참여하고 있다. 그는 시위에 참가하고 있는 대학생들을 위해 500만원을 기부하면서 이 중 반인 250만원을 전의경들을 위해 써달라며 한국대학생연합 측에 전달했다. 학생들은 이 돈으로 햄버거를 구입해 전의경들에게 전달했지만 이 과정에서 예기치 않은 논란이 벌

소셜미디어가 세상을 바꾼다

나누고자 했던 마음이 방법이 잘못 되면 누군가에게 상처가 됩니다. 나누고자 했던 순수한 마음과 상처를 받은 두 마음 모두 아프지 않기를 바랍니다. 원인 제공의 책임이 제게도 있으니 상처받은 분들께 사과드립니다. 서로에게 진짜 마음이 전해지리라고 믿어요.

어졌다. 그는 지난해 6월 9일 자신의 트위터를 통해 다음과 같은 글을 남겼다.

그가 올린 이 글에는 "진실은 통하는 법" "순수한 진심을 느낄 수 있었습니다" "사과 멋지십니다"와 같은 많은 답글이 달렸고 이 글을 리트윗한 네티즌도 100여 명에 달했다.

페이스북

페이스북 창업자 마크 주커버거(Mark Zuckerberg)는 하버드 대학생 시절 기숙사 친구들의 친목도모와 정보교류를 위해 페이스북을 처음 만들게 됐

다. 480만 명의 사람들이 좋아하는 그의 페이스북(www.facebook.com/markzuckerberg)에는 다음과 같은 소개 글귀가 있다.

> 나는 사람들이 서로 연락하고 정보를 공유하도록 도와줌으로써 세계를 보다 열린 공간으로 만들기 위해 노력하고 있다. (I'm trying to make the world a more open place by helping people connect and share).

　이러한 노력 덕분에 그는 미국의 시사주간지 『타임(Time)』이 선정한 2010년 올해의 인물로 선정되는 영예를 안았다. 5억 명 이상의 사람들을 연결시키고 그들간의 사회적 관계를 강화시킨 공로다. 또한 새로운 정보교환 체계를 만들고 우리의 삶을 변화시킨 것도 인정을 받았다. 타임은 "우리는 페이스북 시대에 들어섰고 마크 주커버거가 우리를 여기로 이끈 장본인이다"라고 보도했다. 미국인뿐 아니라 전 세계인을 하나의 망으로 묶은 페이스북의 위력을 높이 산 것이다.
　트위터와 달리 페이스북에는 개인의 정보가 비교적 상세하게 공개되는 편이다. 가령, 직업과 출신학교, 개인의 관심사, 취미 등 개인에 관한 기본 이력과 정보가 비교적 자세하게 전달되기 때문에 이용자들이 그 개인이 누구인지에 관해 쉽게 파악할 수 있다. 트위터가 모르는 사람과도 쉽게 관계 맺기가 가능한 매체라면 페이스북의 경우는 친한 사람들끼리의 관계를 돈독히 해 주는 매체인 셈이다.

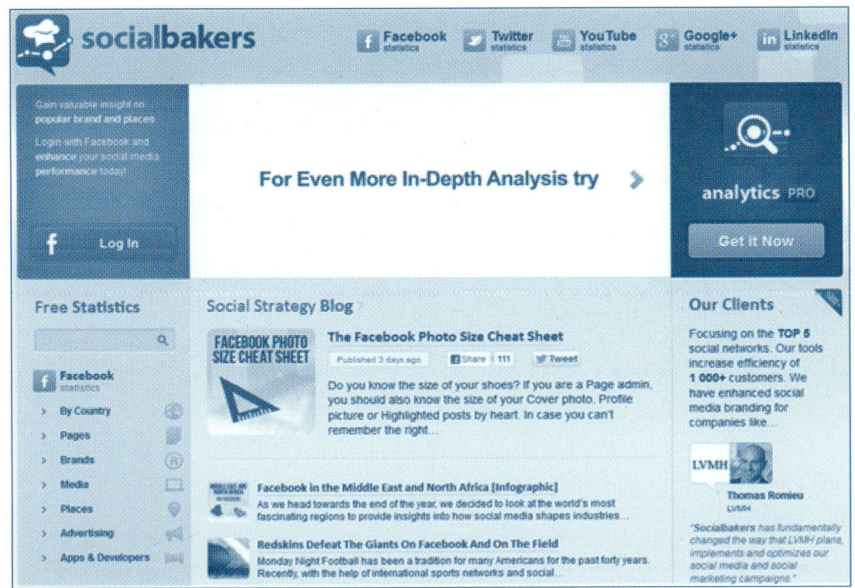

페이스북 통계를 제공하는 소셜베이커(www.socialbakers.com)에 따르면, 전 세계 페이스북 이용자는 6억 3천 7백만 명에 달하는 것으로 나타났다. 페이스북을 사용하는 상위 5개 국가는 미국, 인도네시아, 영국, 터키, 필리핀이다.

미국과 영국의 경우 전체 인구의 반가량이 페이스북을 이용하고 있는 것으로 나타났고 터키는 전체 인구의 33%, 필리핀은 22%, 인도네시아는 14% 가량이 페이스북을 이용하고 있었다. 이들 국가의 페이스북 이용자 연령은 대체로 18~24세가 높게 나타나 젊은 층인 10대 후반이나 20대들이 페이스북을 많이 이용하고 있음을 알 수 있다.

국내의 페이스북 이용자는 2011년 2월 17일 현재 3,370,980명이며 아직까지는 전체인구의 7.7%에 불과하다. 이용자의 주요 연령대는 25~34세가 가장 많았고 그 다음이 18~24세였다.

〈표〉 상위 5개국 페이스북 이용자 현황

상위 5개국	페이스북 이용자
미국	151,820,460
인도네시아	34,999,080
영국	28,841,840
터키	26,198,200
필리핀	22,515,820

출처 : 소셜베이커(www.socialbakers.com) (2011년 2월 17일 기준)

카카오톡

국내 스마트폰 앱시장에서 최고의 스타를 꼽으라면 단연 '카카오톡'이다. 카카오톡은 한 마디로 '스마트폰용 메신저'다. PC웹에서 사용되는 메신저를 모바일 환경에 구축한 앱이다. 카카오에 따르면 2011년 7월을 기준으로 카카오톡 사용자가 2000만 명을 넘어섰다. 국내 스마트폰 사용자 10명

카카오톡 소개(홈페이지 참조)

카카오톡은 전 세계 어디서나 아이폰과 안드로이드폰, 블랙베리폰 사용자 간 무료로 메시지를 주고받을 수 있는 서비스입니다. 가입과 로그인 없이 전화번호만 있으면 실시간 그룹채팅 및 1:1 채팅을 즐길 수 있고 사진, 음성메시지, 동영상, 연락처 등의 멀티미디어도 간편하게 주고받을 수 있습니다.

또는 좋아하는 브랜드나 스타, 미디어를 친구로 추가하여 다양한 콘텐츠와 혜택을 받을 수 있습니다.

중 8명이 카카오톡을 쓰고 있다고 한다. 카카오 관계자는 "활성화 계정이 90%에 달하고, 하루 5억 건의 메시지가 오간다"며 "후발주자를 의식하지 않고 이용자만 바라보고 갈 계획"이라고 말했다.

카카오톡을 운영하는 카카오의 설립자는 김범수 카카오 이사회 의장이다. 김 의장은 네이버를 운영하는 NHN의 설립자로 벤처업계의 유명한 거물이다. 카카오는 김 의장이 2006년 직접 설립한 회사로 여러 차례의 시행착오를 겪다가 카카오톡으로 일어선 기업이다. 김범수 카카오 이사회 의장은 스마트폰용 메신저인 카카오톡을 개발, 세계시장에 도전장을 내밀었다.

해외 가입자는 현재 전체의 10퍼센트를 차지하고 있으며 미국과 일본이 각각 41퍼센트, 15퍼센트로 비중이 가장 크다. 사용 국가는 2백16개국에 달한다. 현재 해외 가입자는 하루 1만 명씩 증가하고 있는데 SNS의 특성상 증가세는 더욱 강해질 것으로 기대된다.

김 의장은 "카카오톡의 경쟁자는 페이스북"이라고 말한다. 페이스북이 전 세계 6억 명의 사용자에게 50만개의 애플리케이션을 전달하는 '플랫폼' 역할을 하는 것처럼 카카오톡도 메신저를 넘어 쇼핑, 게임, 영화, 음악, 오피스 등 다양한 서비스를 제공하는 '서비스 플랫폼'으로 만들겠다는 구상이다.

미투데이

지난해 3월, NHN(대표 김상헌)은 소셜네트워크 서비스(SNS) 미투데이 회원수가 500만 명을 돌파했다고 밝혔다. 2009년 1월 NHN에 인수될 당시 미투데이의 회원 수는 3만 5000명 규모였다. 이후 1년여 만인 2010년 3월 100만 명을 돌파하고 그 해 9월에는 200만 명, 11월에는 300만 명을 기록하는 등 가파른 상승세를 보였다.

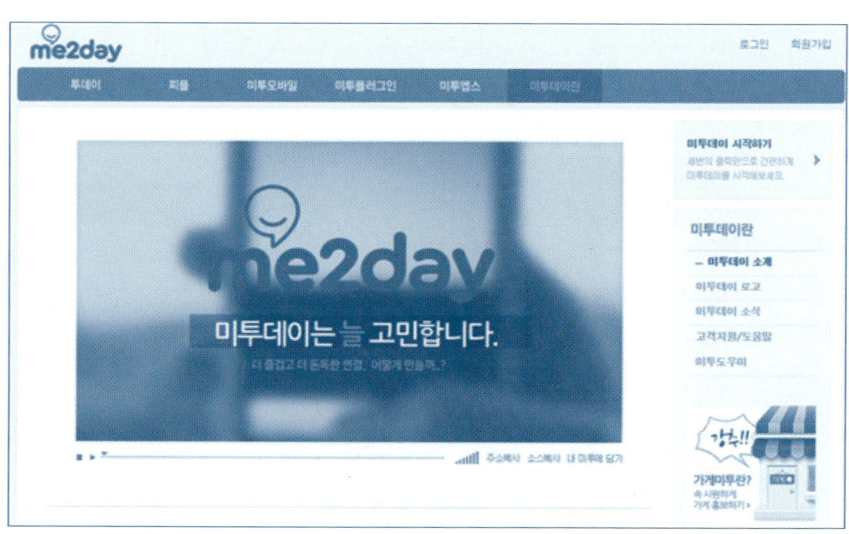

소셜미디어가 세상을 바꾼다

미투데이 소개(홈페이지 참조)

'나의 지금'과 '친구들의 지금'의 만남

미니홈피나 블로그, 휴대폰과 메일. 그 어느 때보다 나와 바깥을 연결하는 도구들은 많아졌습니다. 하지만 전화를 걸고, 블로그를 방문하고 메일을 보내는 단계를 거쳐야만 비로소 소통과 관계가 이루어질 수 있습니다.

그러나, 미투데이는 단지 미투데이를 열어놓는 것만으로 한 순간의 뒤처짐도 없이 나의 생각과 느낌, 일상을 모두와 쉽고 자연스럽게 공유할 수 있게 되었습니다. 마치 옆에 있는 것처럼 말이죠. 컴퓨터는 물론 스마트폰과 모바일 인터넷을 통해 나의 "지금"에 대해 자연스러운 "대화"를 나눌 수 있게 되었습니다.

더 돈독한 관계에 대해 끊임없이 고민합니다.

어떻게 하면 한 사람과 모두의, 모두 한 사람의 진정한 "연결"을 만들어 낼 수 있을까. 미투데이를 어떻게 일상 속에 넣어야, 흘려보내던 하루 하루를 모두와 나누는 소중한 기억으로 탈바꿈시킬 수 있을까. 서로와의 연결과 관계 속에서 결국 얻고 싶은 것은 무엇일까. 이것이 미투스태프 모두의 유일한 관심입니다.

미투데이는 단순한 "연결의 다리" 이상이 되려고 합니다. 그리고 이 끊임없는 고민이 미투데이를 항상 앞으로 나아가게 하는 힘이 되리라 믿습니다.

스마트폰 열풍이 불어 닥친 2011년부터는 모바일로 글을 올리는 경우도 크게 증가해 서비스 초기인 2009년보다 글수가 108배 가량 늘어났다는 설명이다. 미투데이 창립부터 현재까지 미투데이를 총괄하고 있는 NHN 박수만 미투데이 센터장은 "미투데이는 국내 SNS 최대 회원수를 보유했다"며

"모바일 기기 출현 등을 고려해 소셜 서비스의 본질을 놓치지 않는 것이 중요하다"고 말했다.

소셜미디어 이용자들의 특성

유명인들의 트위터 사용으로 일반인들에게까지 트위터 이용이 확산되자 수용자들의 트위터 이용동기나 목적, 이용실태를 연구한 논문들이 우후죽순처럼 생기고 있다.

이원태·김춘식·이나경(2010)이 2010년 국내 트위터 이용자 305명을 대상으로 조사한 바에 따르면, 응답자들은 하루 중 오전 9시부터 12시 사이에 트위터를 가장 많이 이용했고 하루 평균 1시간 10분 가량 트위터를 이용했으며 컴퓨터를 접속기기로 가장 많이 활용하였다.

트위터를 주로 이용하는 장소는 회사가 가장 많았고 트위터에서 가장 많이 하는 행위는 다른 사람들이 올린 게시물 읽기로 나타나 글을 올리는 것보다는 읽는 경우가 더 많은 것으로 조사됐다.

트위터 이용자들이 어떤 주제에 관심이 있는지 조사한 결과, 트위터 이용자들은 경제와 새로운 테크놀로지, 스포츠, 연예 소식에 많은 관심을 나타냈다. 반면, 국내정치, 정부와 지방자치단체의 활동, 종교에 대한 관심은 매우 적었다.(표 참조)

흥미롭게도 트위터 이용자들이 지지하거나 선호하는 정당은 민주당이 가장 많았으며 자신을 진보성향으로 응답한 비율이 높게 나타나 트위터 이용자들의 정치적 성향이 다소 진보적인 것을 알 수 있다.

〈표〉 트위터 이용자들의 주제별 관심도

주제	평균
경제	3.83
새로운 테크놀로지	3.83
스포츠, 연예계	3.76
다른 나라에 관한 정보	3.63
건강, 의료	3.58
음악, 예술	3.58
다른 사람이나 다른 지역에 관한 이야기	3.50
과학	3.41
국내정치	3.29
정부와 지방자치단체의 활동	2.92
종교, 영적인 것	2.58

*5점 척도로 측정(전혀 관심이 없다(1점)~아주 관심이 많다(5점))

출처 : 이원태·김춘식·이나경(2010). 『소셜미디어에서 온라인정치담론의 특성』

이호영 외(2011) 연구결과, 트위터 이용정도가 많은 집단은 고학력자, 고소득자, 20~30대 연령층, 야권 지지성향이 강한 사람들이었다. 즉 학력과 소득수준이 높고 정치적으로 진보성향을 띠는 사람들이 트위터를 많이 하고 있는 셈이다. 트위터 이용자가 주로 작성하는 트윗글은 일상생활(74.9%)을 다룬 것이 가장 많았고 문화·연예·예술(7.9%), 정치(4.1%), IT 과학(3.7%) 순이었다. 이러한 결과는 트위터 이용자들이 트위터를 통해 주로 개인적인 일상을 이야기하는 경우가 많다는 것을 보여주고 있다.

국내 트위터 이용자들의 네트워크 호혜성(한 사용자가 다른 사용자를 팔로우했을 때 그 사용자도 상대방을 팔로우할 확률) 또한 매우 높은 것으로 나타났다(이원태 외, 2011 참조). 즉 트위터 이용자가 다른 사용자를 팔로우했을 때 상대방도 팔로우하는 이른바 맞팔 확률이 무려 80%나 됐다.

이는 장덕진·김기훈(2011)의 연구결과(맞팔 비율 68%)와 유사한 것으로 국내 이용자들의 경우 외국에 비해 높은 호혜성 수준을 보여주고 있다. 멘션을 보냈을 상대방도 멘션을 보낼 확률 또한 절반(48.2%)에 약간 못미치는 것으로 나타나 국내 트위터 이용자들 사이에 호혜성의 원리가 강력하게 작용하고 있음을 알 수 있다. 리트윗을 가장 많이 받은 유력자 상위 20명의 프로필을 보면, 인기연예인은 거의 없고 기자나 블로거가 대다수를 차지하고 있다. 이는 트위터라는 공간이 사회적인 이슈나 사건에 대한 전파가 매우 활발히 일어나는 곳이라는 것을 암시해 주고 있다. 즉 유력자들을 따르는 팔로워 수가 많다고 해서 그들의 영향력이 곧바로 발휘되지는 않는다는 것이다.

장덕진·김기훈(2011)은 2010년 8월 1일부터 9월 30일까지 한국인 트위터 계정 백만여 개를 모두 크롤링하여 네트워크 분석을 수행한 뒤 다음과 같은 흥미로운 연구결과를 발표하였다.

첫째, 트위터 이용자들은 평균 72명의 팔로워를 가지고 있었고 69명을 팔로우하고 있었으며 서로 팔로우하는 소위 '맞팔' 비율은 68%였다. 이 기간 동안 작성된 트윗을 유형별로 분석한 결과 일반 트윗이 전체의 25%를 차지했고 리트윗이 13%, 다른 이용자에게 보낸 리플라이가 62%를 차지한 것으로 나타나 트위터가 소통과 담론의 공간이라는 점을 보여주고 있다.

둘째, 리트윗 상위를 차지한 주요 사회적 이슈에 대한 트윗을 정치적 태도에 따라 분석한 결과, 대부분 정부비판적인 입장을 취하고 있었다. 이는 앞서 언급한 트위터 연구에서도 나타나듯이 트위터 이용자들의 정치적 성향이 대체로 진보적인 데 기인한 것으로 보인다.

셋째, 전체 트윗의 13.7%가 웹주소를 링크하고 있었다. 트위터의 특성상 많은 글을 담지 못하다 보니 이용자들이 관련 웹사이트 주소를 링크시키고 있는 것이다.

네트워크 이론 중 하나인 '동종애의 원리(homophily principle)'도 트위터 이용자들에게 나타나고 있다. 이 원리는 사회적 지위나 개인적 성향이 비슷할수록 사람들은 서로 친근감을 느끼게 되고 활발하게 상호작용한다는 것이다. 이 원리대로라면, 트위터 이용자들은 자신들과 비슷한 정치적 성향을 가진 사람들을 필로우히기니 자신들이 관점과 부합하는 의견을 지지하거나 그것을 리트윗할 가능성이 높다.

실제로, 이 연구에서도 어떤 이슈에 비판적인 입장을 가진 사람들은 비판적인 입장을 가진 다른 사람들의 글을 리트윗하는 경우가 많았지만 옹호론자가 비판론자의 글을 리트윗하는 경우는 적었다.

박한우와 동료들의 연구(2011)에서도 진보신당의 노회찬 전의원을 팔로윙하고 있는 이용자들 중 많은 수가 민주노동당 강기갑 의원의 트위터도 팔로윙하고 있는 것으로 나타난 반면 한나라당 나경원 의원을 팔로윙하면서 노회찬 전의원과 강기갑 의원을 같이 팔로윙하는 이용자들은 극히 소수였다.

이러한 연구결과들은 비슷한 정치적 성향이나 입장을 가진 사람들끼리의 상호작용이 트위터를 통해서도 강화되고 있음을 잘 보여주고 있다. 또한 어떤 이슈에 비판적인 입장을 가진 사람들이 보다 적극적으로 자신의 입장을 다른 사람들에게 알리려는 경향이 강하다는 것을 알 수 있다.

세대별 SNS 이용 차이

세대별 SNS 이용차이를 살펴본 결과, 10대는 73%, 20대는 71.1%, 30대는 55.9%, 40대는 53.0%, 50대는 44.3%, 60세 이상은 19.6%가 SNS를 이용한다고 답했다. 즉 10대와 20대 연령층에서 SNS 사용빈도가 높았다.

출처 : 방송통신위원회(2012). 디지털세대와 기성세대의 사고 및 행동양식 비교.

소셜미디어는 정치, 언론, 공공기관, 기업, 엔터테인먼트 등 다양한 방면에서 활용되고 있다.

▌정치

정치권이 SNS에 지대한 관심을 보이고 있다. '사람이 곧 재산' 인 정치권에서 불가피한 선택이다.

민주당은 2011년 4월 재보궐 선거에서 '한나라당 텃밭' 으로 알려진 분당과 강원도지사 선거에서 SNS의 효과를 톡톡히 봤다. 유명 인사들이 선거당일 '투표 인증샷' 을 앞다퉈 올리면서 젊은 층과 넥타이 부대가 대거 참석해 승리했기 때문이다. 과거에는 인터넷을 통한 홈페이지, 블로그, 팬 카페, 미니 홈피가 대세였다. 2002년 노무현 대통령은 인터넷을 통해 노사모라는 '온라인 팬클럽'을 통해 지지층을 결집했고 실제로 대선 승리에 적잖은 역할을 담당했다. 인터넷 등장이 엊그제지만 이젠 모바일시대가 도래하고 있는 셈이다. 상황이 이렇다 보니 정치권이 'SNS 따라잡기'에 혈안이 될 수밖에 없다.

이 때문에 트위터는 정치인들이 유권자들과 소통할 수 있는 주요 커뮤니케이션 채널이 되고 있다. 2010년 6월 2일 지방선거를 앞두고 경쟁이라도 하듯 서울시장과 경기지사 후보로 나선 후보자들은 트위터를 개설, 선거캠페인의 주요 도구로 활용했다.

제18대 국회의원의 SNS 활용

2010년 10월 당시 국회의원의 58.7%인 175명이 트위터에 가입돼 있었다. 정당별로 보면 여당의원의 63.7%, 야당의원의 52%가 트위터를 운영하고 있어 여당의원들의 비중이 야당의원보다 높았다. 하지만 야당의원들이 여당의원들에 비해 3배 가까이 더 많은 트윗을 작성하는 것으로 나타나 야당의원들이 트위터를 통해 훨씬 활발한 커뮤니케이션 활동을 벌였다. 대부분의 국회의원들은 정보공유와 관계지향 목적으로 트위터를 사용하는 것으로 나타났으나 트위터를 통해 정보를 일방적으로 전달하거나 자기 홍보에 치우친 경우가 많았다.

출처 : 금혜성(2011). 정치인의 SNS 활용: 정치적 소통도구로서의 트위터

진보신당 노회찬 후보는 2010년 5월 13일 당시 45,475명의 팔로워들을 확보하고 있었고 트위터를 통해 즉석만남(번개)과 TV 토론 일정, 선거 캠페인 상황 등을 공유했다.

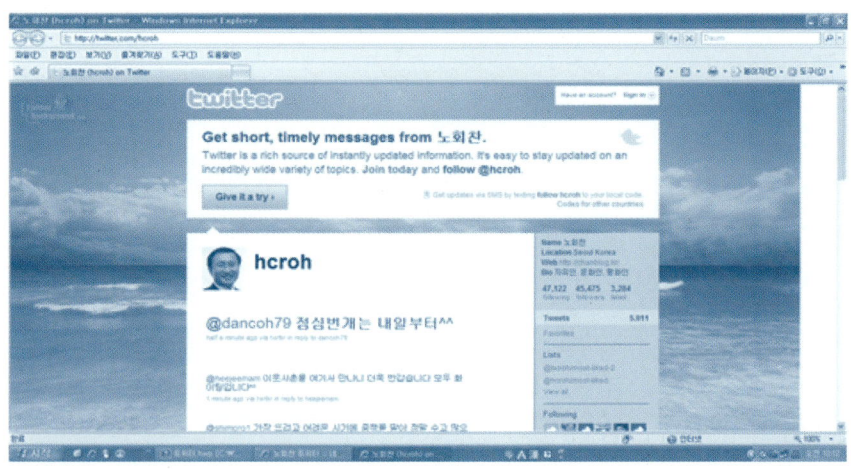

　한 조사에 따르면, 2010년 6월 2일 실시된 지방선거기간 동안 트위터 이용자들이 가장 많이 접한 정치적인 정보는 선거 및 투표참여독려 메시지였고 선거공약과 관련된 정책이슈, 천안함사건 등 외교안보이슈 순이었다(이원태·김춘식·이나경, 2010). 2012년 총선과 대선 때도 소셜미디어를 활용한 선거캠페인이 상당부분 활성화 되었다고 본다.

▌정치권 열풍 'SNS 정복전쟁' 여야 유권자 표심찾기 총력

　지금의 선거는 2~3% 포인트 차의 박빙 승부로 선거결과가 바뀐다. 보수와 진보로 양분화된 선거전에서 실제로 양측 캠프가 가장 궁금해 하는 것은 '부동층을 어떻게 유입할 것인가' 이다. SNS에서 어떤 정보가 오가는지, 또 어떤 이슈가 SNS 사용자들 사이에서 공감대를 먼저 형성하고 있는지를 먼저 파악해야만 부동층 유입이 가능하다.

　실시간 소통이 가능한 SNS는 현 선거흐름에 중요한 변수로 작용한다. 선거정보 취득과 확산은 즉각적이고 다양하게 이뤄진다. 편리하고 개방된 대화의 틀을 선호하는 20~30대 젊은 유권자는 실시간 소통이 가능한 SNS를 선호한다.

2011년 10.26 서울시장 보궐선거에서 여야 정치권은 SNS 파괴력을 실감했다. 서울시장 보궐선거 당시 '나경원 1억 원 피부숍' 트윗은 4.27재보선 (1만건)과 8.24 무상급식 주민투표(2만건)와 관련된 트윗수와 비교가 안 될 정도로 폭발적이었다. '나경원 1억 원 피부숍' 트윗에 대한 늦장 대처는 선거 패배의 중요한 요인이었다.

선거 직후 눈에 뜨는 현상은 신규 트위터 가입자가 하루 평균 1만 명씩 늘고 있다는 것. 2012년 총선까지 증가세가 계속될 경우 현사용자를 합산해 약 600만 명에 이를 것으로 추산된다. 트위터와 페이스북은 여야 정치인들의 필수 아이템이 되었다. 당 차원에서도 'SNS전쟁'에 대비한 면밀한 전략 수립에 나서고 있다.

효과적인 SNS 소통법은 '보내고 싶은 얘기보다 듣고 싶은 얘기를 해줘야 한다는 것'이다. 선거 당시 나경원 후보는 '내가 보내고 싶은 메시지'에만 집중했다. 사람들의 관심이 무엇인지 그것을 먼저 파악하는 노력이 부족했

던 셈이다.

　한나라당은 'SNS의 핵심은 진정성과 속도인데, 의원들이 이에 대한 이해

와 철학이 부족하다'며 대책을 마련했다. SNS 활용도가 높은 대학생 70여 명을 디지털 위원으로 선발했다. 스마트폰 실시간 메신저인 카카오톡도 활용, 당원과 국민들 간의 소통을 강화했다. 홍준표 대표는 정책과 당론을 결정할 때 자신의 카카오톡으로 당원·국민들에게 그때그때 의견을 묻고 여론을 수렴한다. 카카오톡으로 소통 가능한 당원들은 3만500명, 국민들은 약 5만 명 성노. '홍준표 카카오데이'를 만들어 한 시간 가량 유권자들과 채팅시간을 갖는다.

'2012년 총선 승리 SNS 완전정복 가이드북'을 발간했던 민주당은 SNS 네트워크 강화에 주력했다. 특히 현역의원과 지역 당협위원장 등 총선 출마자들을 직접 지원할 '통합 SNS 플랫폼 구축시범사업'에 박차를 가했다. '통합 SNS 플랫폼'은 페이스북 페이지를 기반으로 트위터·블로그·뉴스레터·지인찾기 등의 4가지 기능을 추가해 각각의 미디어채널을 통합, 효율적으로 운영할 수 있다.

민주당은 SNS의 활용을 극대화해 총선 승리의 발판을 마련한다는 전략이다. 페이스북에 민주당 정치인들만이 참여할 수 있는 '민주당그룹'을 개

설해 기술 지원은 물론 각종 정보를 실시간으로 제공하는 SNS 사랑방 창구도 활용해 보기로 했다. 민주당은 인터넷TV '소셜토크' 생방송을 정례화해 SNS를 통해 민주당에 비판적인 누리꾼들과의 직접 대화도 확대해 나갔다.

미국의 오바마 대통령은 대선 당시 트위터 유튜브를 포함 16개 SNS 채널을 운영했다. 민주당 승리 이후 공화당은 2~3년간 SNS에 막대한 규모의 투자를 계속하고 있다. 자신들이 생각하는 가치를 전파할 수 있는 커뮤니티 구축이 선행되어야 대선 승리가 가능하다는 분석에 따른 것이다.

더 많은 사용자들이 좋아하는 콘텐츠를 SNS상에서 공유하려는 노력은 필요하다. 반면 SNS가 소통의 새로운 장을 연 것은 맞지만, 정치인들이 오프라인에서 정치를 제대로 잘해야 SNS로 유권자들이 모일 것이라는 지적도 있다.

▎언론

트위터의 확산과 더불어 언론사들도 트위터 개설에 적극적으로 앞장서고 있다. 자사 뉴스나 프로그램을 알리는 차원뿐 아니라 증가하고 있는 소셜미디어 이용자들과의 관계를 돈독히 하기 위한 것이다.

KBS 방송문화연구소(2010)는 방송부문이 소셜미디어와 융합하는 방식을 다음과 같이 크게 다섯 가지로 요약하고 있다. 첫째, 소셜미디어는 방송프로그램의 직접 홍보 창구로 활용되고 있다. 둘째, 소셜미디어의 링크, 퍼나르기 등의 기능은 특정 프로그램에 대한 입소문과 긍정적 평가를 확산시켜 방송사 및 방송프로그램의 간접 홍보 창구로도 활용된다. 셋째, 소셜미디어는 방송콘텐츠의 새로운 전달창구로서 의미를 갖는다. 가령, 소셜미디어에 연동하여 콘텐츠를 제공하는 방송사들이 늘어나고 있는 추세다. 넷째, 소셜미디어는 새로운 뉴스 출처가 되고 있다. 다섯째, 소셜미디어는 방송콘텐츠와 서비스에 대한 수용자들의 평가와 반응을 이끌어 내는 훌륭한 수단이 되고 있다.

▌머니투데이 사례

경제전문지 머니투데이는 리얼타임 경제뉴스를 내세우며 공식 트위터 (@moneytodaynews)를 운영 중이다. 2012년 12월 현재 49,814명의 팔로윙, 53,409명의 팔로워, 36,721개의 트윗을 기록하고 있다. 머니투데이의 트위터는 주로 자사 뉴스를 서비스하고 있다. 머니투데이는 이밖에도 부동산, 자동차, 이슈팀, 머니위크, 머니트윗(mtwt.mt.m.kr) 등 다양한 트위터, 페이스북 모델을 운영 중이다.

머니투데이 서정아 크리에이티브 미디어 유닛장은 "언론사 입장에서 보면 트위터는 독자들과 상호 소통할 수 있는 소중한 창고이자 보물"이라고 설명한다. 그의 말대로 독자들은 기자들이 쓴 글에 대해 쓴 소리도 아끼지 않는다.

다시 말해, 소셜미디어의 확산으로 트위터 팔로워들이 기자들을 견제, 감시하는 역할을 할 수 있다는 것이다. 또한 팔로워들의 소중한 의견은 기사의 내용과 질을 한층 더 업그레이드 시킬 수 있다.

1. 소셜미디어를 도입, 활용하게 된 시기, 배경은?

2010년 1월 모바일 연구소를 설립한 뒤 트위터를 본격적으로 활용하기 시작했다. 당시 트위터, 미투데이를 기반으로 한 주식에 관한 소셜사이트인 머니트윗을 개설하면서 소셜미디어에 관심을 가졌다. 물론 그 이전인 2009년 가을 머니투데이 트위터 계정을 만들었고 머니투데이방송도 소셜미디어를 도입했다.

2000년 1월 머니투데이가 창간됐는데 당시 최초의 인터넷 언론이라는 타이틀을 가지고 온라인미디어 시장에 뛰어들었다. 하지만 이후 성장이 다소 주춤했다. 2010년 1월 창간 10주년이 되면서 새로운 도약의 출발을 내디뎠는데 그게 바로 트위터를 활용하여 모바일 환경에 적합한 서비스를 시작하는 것이었다. 언론환경이 바뀌고 있어 새로운 길을 모색하게 돼 모바일연구소도 만들고 소셜미디어를 적극적으로 활용하기 시작한 것이다.

기존에는 독자들이 기껏 참여할 수 있는 게 댓글을 다는 정도였는데 소셜미디어가 확산되면서 독자와의 쌍방향성을 강화할 수 있는 좋은 계기가 만들어졌다. 즉 일방적으로 전달하는 뉴스가 아닌 독자들이 참여할 수 있는 뉴스를 제공하고 싶었다.

2. 소셜미디어 홍보를 담당하는 부서(인력 등)

머니투데이는 편집국에서 관리를 하고 머니트윗은 크리에이티브 미디어 유닛(웹기획, 개발, 디자인팀 등 30여 명 근무)에서 담당한다. 예전에는 머니투데이 기사를 단순히 전달만 했는데 최근에는 정책을 바꿔 트위터를 담당하는 사람이 개인적인 의견을 붙여 기사를 전달한다.

가령, 어떤 정치인이 망언을 했다면 예전에는 기사 내용을 그대로 전달했지만 지금은 "어떤 정치인이 망언을 했는데 여러분들의 생각은 어떠십니까?"와 같이 독자들의 반응을 이끌어내는 표현을 쓰는 식이다. 프로그램들이 자동화가 돼 있어 트위터를 관리하는 인력이 사실상 거의 없다고 해도 과언이 아니다. 머니트윗을 관리하는 사람은 1∼2명에 불과하다.

독자들이 트위터를 통해 남긴 모든 글을 기계적으로 수집해 트위터 상에서 가장 반응이 뜨거웠던 글을 모아 머니트윗 내에 'RT 뉴스' 코너를 만들어 서비스하고 있다. 트위터 덕분에 어떤 기사에 독자들이 가장 많은 관심을 보이고 댓글을 다는지 한눈에 파악할 수 있다. 때로는 머니투데이 뉴스 중에서 부각되지 못한 기사가 독자들의 관심을 가장 많이 받기도 한다.

3. 팔로워 수를 확보하는 방법

처음에는 머니트윗을 알리기 위해 이벤트를 많이 진행했다. 경제에 관심이 있는 사람들을 대상으로 주식에 관한 설문조사를 실시하면서 답변을 받아 선물도 주면서 홍보를 많이 했다. 머니투데이의 경우 인지도가 있어 그다지 홍보를 많이 하지 않았다.

4. 소셜미디어를 통해 얻고자 하는 것

기존에는 공급자(언론사)가 톱 기사와 중요한 기사를 일방적으로 이용자들에게 전달했다. 하지만 소셜미디어가 도입되면서 이용자들이 새로운 기사를 만들고 있다. 독자들은 기사의 부족한 부분까지도 과감하게 지적한다. 독자들이 머니투데이 기사에 하나하나 지적하는 내용들이 매우 소중하다고 생각한다.

가령, 얼마 전 한 기자가 삼성전자 스마트폰을 약간 옹호하는 듯한 기사를 썼는데 이를 비판하는 수많은 댓글이 달리기도 했다. 예전에 머니투데이 회원이 글을 쓸 때는 악성댓글이 많았는데 트위터 이용자들은 비교적 책임감을 가지고 글을 쓰는 편이다. 기자가 쓴 글이 일차 생산물이라면 수많은 사람들이 그 기사에 대해 댓글을 쓴 것은 보물이라고 생각한다.

5. 소셜미디어를 운영하면서 좋은 점

기사에 대한 독자들의 반응을 한눈에 쉽게 파악할 수 있다.

6. 소셜미디어를 운영하면서 어려운 점

트위터 이용자들이 깊은 정보를 싫어하는 경향이 있어 다소 아쉬운 점이 있다. 가령, 주식에 대한 정보를 알려 줄 때 많은 정보를 주면 "작전하냐"며 싫어하는 경우가 있었다. 외국의 경우 전담 소셜미디어 에디터를 두곤 하는데 우리나라 언론은 아직까지 소셜미디어에 투자할 만한 여력이 없는 것 같다. 우리의 경우 젊은 직원이 트위터를 관리하고 있는데 경험이 많이 부족해 운영이 다소 서툴다. 좀 더 경험이 풍부한 사람이 트위터를 운영할 필요가 있다. 사실상, 언론사보다는 기자가 트위터를 활용하는 게 효과가 큰 것 같다. 언론사의 공식 트위터는 아무래도 독자들이 반응하기가 쉽지는 않은 것 같다. 따라서 기자들이 트위터를 좀 더 적극적으로 활용할 필요가 있을 것으로 보인다.

7. 소셜미디어가 저널리즘으로서 역할을 하고 있는가?

이미 긍정적인 역할을 많이 하는 것 같다. 속보, 여론형성 등 순기능적인 측면이 많다. 이슈가 발생했을 때 즉각적으로 여론을 모으는 순기능도 있다. 또한 트위터가 중요한 취재원이고 현장이 되고 있다. 소셜네트워크 자체가 어찌 보면 가상현실이다.

머니투데이 팔로워들은 경제에 관심이 있는 20, 30대 남자들이 많은 것 같다. 어떤 특정기업을 옹호하는 듯한 글을 쓰면 바로 이를 비난하는 댓글이 달린다.

소셜미디어가 세상을 바꾼다

┃정부부처

정부부처에서도 트위터는 고객들과의 중요한 소통채널이 되고 있다.

미국 델라웨어주의 아동부서(Delaware Children's Department)는 트위터를 개설하고 주요 행사나 뉴스, 기념일, 유용한 통계나 정보를 지역 내의 아동과 가족들에게 전달하고 있다(Solomon, 2009).

방송통신위원회도 최근 트위터(twitter.com/withkcc)를 통해서 주요 정책과 방송 통신 분야의 다양한 정보를 단문 메시지로 제공하고 있다.

외교통상부는 모팟스토리(MOFAT STORY)라는 소셜허브를 만들어 재외공관에서 보내오는 소식 등 다양한 국내외 소식을 SNS를 통해 공유하고 있다.

• 핵심적인 사안에 대해서는 침묵

현재[1] 43개 부처장급(35개 부처, 3실, 5개 위원회) 중앙행정기관에서는 총 167개의 SNS를 운영중이다. 43개 부처의 대다수는 트위터와 페이스북 블로그 등을 동시에 운영하고 있다. 20만 명 이상(국무총리실)의 팬을 보유하거나 평균 20여 개의 댓글, 약 70여 개의 '좋아요'를 얻는 등 활발히 운영 중이다. 이와는 별도로 장차관급 고위공직자들도 양방향 소통수단으로 SNS를 활용하고 있다.

2008년 6개 부처에서 2억2700만 원을 사용했던 뉴미디어 활용 예산은 SNS 도입이 본격화된 2009년부터 22개 부처 11억 3450만 원으로 증가했다. 2011년에는 31개 부처가 총 24억 7410만 원을 사용했다.

그러나 팔로워수가 비슷한 일반기업과 정부기관 트위터의 경우, 평균적으로 정부기관 트위터의 트윗수가 일반 기업 트위터보다 약 2배 이상 적은 것으로 나타났다. 정부 기관 트위터가 소통보다는 친구 맺기 이벤트 등을 통해 팔로워 늘리기에 집중한 결과라고 할 수 있다.

정책 SNS의 도입은 비교적 신속하게 진행된 반면, SNS운영의 질적인 부분은 부실하다는 의견도 제기되는 대목이다.

현행 정부기관의 트위터 운영은 이미 결정된 정책에 대한 일방적 전달에 치우치는 경향이 많다. 트위터의 내용 또한 언론사가 지적하는 내용을 반박하거나 반대 입장을 전달하는 수단에 그치는 등 정보 유용성이나 흥미성이 떨어진다.

신변잡기적 에피소드 주제에 대해서는 트위터를 통해 적극적으로 소통하고자 하지만 정작 중요한 사안에 대한 담론은 기대하기 어려운 것이 현실이다.

---

1) 2012년 10월말 기준

소셜미디어가 세상을 바꾼다

• 온라인 알바? 온라인 대변인!

한편, 대부분의 부처에서는 온라인 홍보담당이 온라인 대변인 업무 수행하고 있다. 온라인대변인 중 온라인대변인 중 3급~5급 상당의 계약직이 50%이며 그 외는 4급~6급의 행정 · 별정직이 담당한다.

온라인대변인은 매일 정부 안에서 온라인 여론을 모니터링하고 대외적으로 정부정책을 알린다. 문화부에는 2300여 개 온라인매체가 등록되어 있다. MB정부 시절 첫 온라인대변인은 2010년 5월 청와대에 신설되었다. 이들 업무에 대한 법적 근거가 마련된 것은 2010월 10월초.

온라인대변인들은 대국민업무로 모니터링, 답변하기, 정보제공 등을 한다. 내부적으로는 온라인이슈, 내용, 반응, 대응의견 등을 요약하고 정리한다. 주활동무대는 트위터 페이스북 미투데이 등 소셜네트워크서비스이다. '아고라' 등 여론방도 자주 찾는다. 매일 각 부처에서 모아진 정보는 청와대 뉴미디어홍보관에게까지 공유된다. 현재 온라인대변인들의 업무는 문화체육관광부 온라인홍보협력과에서 총괄한다.

〈표〉 정부부처 SNS 운영 현황

기관명	블로그명	블로그	트위터	미투데이
기획재정부	몬이의 블루마블	http://bluemarbles.tistory.com	@mosfkorea	
교육과학기술부	아이디어 팩토리	http://if-blog.tistory.com	@mest4u	
외교통상부	외교나래	http://blog.naver.com/ilovemofat http://blog.daum.net/ilovemofat	@mofatkr	
통일부	통일미래의 꿈	http://blog.daum.net/mounification	@uni_kr	mouni
법무부	행복해지는 법	http://blog.naver.com/mojjustice http://blog.daum.net/mojjustice	@happymoj	happymoj
국방부	동고동락	http://mnd9090.tistory.com	@ROK_MND	mndspokesman roknavy(해군)

기관명	블로그명	블로그	트위터	미투데이
행정안전부	대한민국 행복이	http://blog.naver.com/happymopas http://blog.daum.net/happymopas	@happymopas	
문화체육관광부	도란도란 문화놀이터	http://culturenori.tistory.com	@mcstkorea	culturebu
	정부 대표 블로그 정책공감	http://blog.daum.net/hellopolicy http://blog.naver.com/hellopolicy http://kr.blog.yahoo.com/hello_policy	@hellopolicy	
농림수산식품부	새농이의 농수산식품 이야기	http://blog.daum.net/maf2006 http://blog.naver.com/maf2006	@mifaff	mifaff2010
지식경제부	경제 다반사	http://blog.naver.com/mocienews http://blog.daum.net/mocie	@mke_news	
보건복지가족부	따스아리	http://blog.daum.net/mohwpr	@mohwpr	
환경부	초록나래	http://blog.daum.net/mepr_greenwing	@mevpr	
고용노동부	무 대리의 내일을 위한 수다	http://blog.naver.com/molab_suda	@molab_suda	
여성가족부	여행상자	http://blog.daum.net/moge-family	@mogef	mogef
국토해양부	행복누리	http://blog.naver.com/mltm2008 http://blog.daum.net/mltm2008	@Korea_Land @HappyTraffic	happytraffic
법제처	세령이와 함께하는 법제처 이야기	http://blog.daum.net/moleglaw http://moleg.tistory.com	@Molegtwit	
국가보훈처	대한민국, 사랑에 빠지다	http://blog.naver.com/mpva.do http://mpva.tistory.com/	@hun2day	hunhun2day
공정거래위원회	시장경제 지킴이	http://kftc.tistory.com/	@kftcnews	
금융위원회	금상첨화	http://blog.naver.com/blogfsc http://blog.daum.net/blogfsc	@fsckorea	fsc_korea
국민권익위원회	국민권익	http://blog.daum.net/loveacrc	@loveacrc	loveacrc
방송통신위원회	두루누리	http://blog.naver.com/kcc1335 http://blog.daum.net/kcc1335	@withkcc	kccto
국세청	아름다운 세상	http://blog.naver.com/ntscafe	@ntskorea	

소셜미디어가 세상을 바꾼다

기관명	블로그명	블로그	트위터	미투데이
관세청	선진 무역 강국을 실현하는 월드베스트 관세청	http://blog.naver.com/orangett111 http://blog.daum.net/customs2008	@koreacustoms	
조달청	나라살림 꾸리미 _희망샘터	http://blog.naver.com/ppspr http://blog.daum.net/ppspr	@ppspr	
통계청	통하는 세상	http://blog.naver.com/hi_nso	@KOSTATIN	
대검찰청	검토리가 본 검찰 이야기	http://blog.naver.com/spogood http://blog.daum.net/spogood		
병무청	청춘예찬	http://blog.daum.net/mma9090 http://kr.blog.yahoo.com/mma9090	@mma9090	
경찰청	폴 인 러브	http://polinlove.tistory.com	@polinlove	
소방방재청	네마의 안전생활	http://blog.nema.go.kr http://blog.naver.com/nemablog	@Nema_SafeKorea	
방위사업청	우리나라 지킴이 방위사업청	http://blog.naver.com/dapapr http://blog.daum.net/dapapr	@dapapr	
문화재청	문화재사랑	http://blog.naver.com/culturalh http://blog.daum.net/munhwajaecheong		
농촌진흥청	쵸니	http://blog.daum.net/rda2448 http://blog.naver.com/rda2448	@love_rda	
산림청	산림청 푸르미 블로그	http://blog.naver.com/forest_news http://blog.daum.net/kfs4079	@forest_news	
중소기업청	중소기업인의 가슴으로	http://blog.naver.com/bizinfo1357	@bizinfo1357	
특허청	아이디어로 여는 세상	http://blog.daum.net/kipoworld	@kipoworld	
식품의약품 안전청	식약 지킴이	http://blog.naver.com/kfdazzang http://blog.daum.net/kfdazzang	@TheKFDA	
기상청	하늘친구들	http://blog.daum.net/kma_skylove	@kma_Weather	
해양경찰청	해양경찰의 바다 이야기	http://blog.daum.net/kcgpr	@kcgpr122	
행정중심복합도시건설청	행복인	http://blog.daum.net/happycity2030	@HappycitySejong	

외교통상부는 2011년 The PR이 선정한 스마트 정부기관 대상을 수상했다. 외교통상부 조병제 대변인은 The PR과의 인터뷰에서 외교통상부가 2011년 가장 역점을 두었던 뉴미디어정책 홍보내용에 대해 다음과 같이 말했다.

"국민 이해와 직결되는 외교 현안이 발생했을 때 필요한 소식과 정보를 제때 전달하는 것에 역점을 두었습니다. 예를 들어 연초 동일본대지진, 리비아, 이집트 사태 등 대형 이슈가 발생했을 때 외교통상부 본부−영사콜센터−재외공관 간 실시간 연락망을 구축해 SNS를 통해 신속히 현지 사정을 전달하고, 제기되는 민원에 일일이 응대했습니다. 최근에는 한미 FTA와 관련해 사실에 기초한 올바른 정보를 전달하는 데 역점을 두고, 국민들께서 궁금해 하시는 사안에 대해 다양한 방식으로 가급적 알기 쉽게 설명드리려고 노력하고 있습니다."

출처 : www.the-pr.co.kr

법무부는 트위터, 페이스북, 미투데이, 블로그(다음, 네이버) 등을 통해 국정홍보를 하고 있다. 서비스 시작 순서는 블로그→트위터→페이스북→미투데이 순이었다. 법무부 대변인실 온라인홍보팀이 SNS 홍보를 맡고 있으며 팀장(온라인대변인)을 비롯하여 5명이 근무중이다. 전문성을 확보하기 위해 방송작가 출신 2명(블로그기자단 운영, 페이스북 트위터 운영), 웹 디자이너 1명, 동영상 촬영 및 편집 1명을 채용하였다.

2012년부터는 7개 실국본부에서도 담당자를 지정하여 SNS를 운영중에 있으며, 전국 70여 개 산하기관(교도소, 구치소, 소년원, 출입국사무소, 보호관찰소 등)에서도 트위터나 페이스북 계정을 개설하여 사용중이다.

법무부가 SNS 홍보를 시작하게 된 계기는 지난 2009년 정책 블로그 '행복해지는 법'을 시작하면서부터다. 대학생기자단으로 출발해 현재는 초중고대학생, 일반인 등 90명으로 구성돼 있다. 법무부의 딱딱하고 권위적인 이미지 개선을 위해 법질서 지키기, 법무행정 정책 등을 쉽고 재미있게 기사로 풀어 소개하고 있다. 곧이어 2010년에는 트위터, 페이스북, 미투데이를 시작했고 실시간 위기관리나 누리꾼과의 접촉을 통한 이미지 개선을 그 목적으로 하였다.

법무부 블로그 '행복해지는 법'을 통해서는 심도 있는 법, 정책을 소개하고 페이스북, 트위터, 미투데이는 블로그 기사 재확산, 보도자료 및 해명자료 확산 등에 사용하고 있다. 서민과 사회적 약자를 위한 중요 법무 정책인 '따뜻한 법치' 정책을 홍보하기 위해 페이스북, 트위터를 통해 홍보 캠페인도 전개중이며 퀴즈 이벤트도 진행하고 있다. 즉 재미와 정보를 동시에 제공하여 이용자들의 참여를 유도하기 위해 홍보 이벤트를 지속적으로 진행하고 있다.

소셜미디어가 세상을 바꾼다

법무부 온라인대변인은 SNS를 운영하면서 좋은 점을 다음 세 가지로 꼽는다.

① 대외적으로는 법무부의 이미지 개선 효과

② 실시간으로 질의응답을 하면서 이용자와의 상시 소통이 가능함

③ 법무부정책에 우호적인 분위기를 조성하여 위기 관리에도 유용함

반면, SNS 운영의 불편한 점은 다음과 같다.

① SNS 창구를 통해 직접적인 항의가 올 때는 답변하기 곤란한 상황이 있음(가령, 최근 두 달 동안 정봉주 전의원 사면 요구가 법무부 트윗으로 쇄도한 적이 있음)

② 상시적으로 응대해야 하는 업무 특성상 업무 강도가 높은 편임(퇴근이후, 주말 동안 대응할 경우에는 제대로 쉬지 못하게 됨)

▌공공기관

한국청소년정책연구원은 2011년 12월 페이스북을 개설, 운영 중이다. 아래 글은 페이스북을 오픈한 날 처음으로 게시된 글이다.

두둥~ 2011년 12월의 첫날! 한국청소년정책연구원(NYPI)의 공식 페이스북이 오픈되었습니다. 많이 축하해 주시고 좋아해 주세요!^^ 앞으로 여러분의 이야기에 조금 더 귀기울이고 공감하기 위해 노력하는 NYPI가 되겠습니다. 오늘하루도 용기를 가지고 힘차고 야무지게 시작해 보세요. ^^ 출발 ~ ♬

국책연구기관인 조세연구원의 트위터는 다음과 같은 소개글이 눈에 띈다. 2012년 12월 현재 팔로워는 4,979명.

한국조세연구원 @KIPFLOVE Seoul, Songpa

안녕하십니까? 한국조세연구원입니다. 저희 연구원은 조세, 공공지출, 공공기관 운영 관련사항을 조사, 연구, 분석함으로써 국가의 조세공공지출, 공공기관의 운영관련 정책수립을 지원하고 국민경제의 발전에 이바지하고자 설립된 정부출연 연구기관입니다. 많은 팔로우 바랍니다. ^^

출처 : www.kipf.re.kr

연구기관인 만큼 세미나자료, 학술대회, 세미나 안내, 연구원발간자료소개 등이 트윗의 주류를 이뤘다. 이런 정보들은 연구원 홈페이지나 블로그(blog.naver.com/kipfmanager)에 링크돼 소개된다. 소통채널이 다양해진 만큼 블로그에 올라간 내용들이 트위터에도 소개되고 있는 것이다.

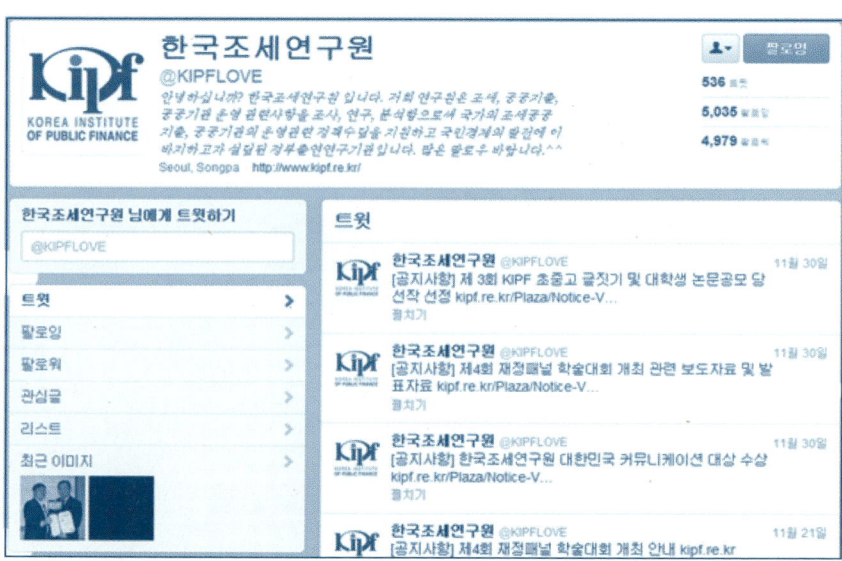

　　[논문공모] 저희 연구원에서는 재정패널 1~3차년도 자료를 활용한 연구의 활성화와 성과공유를 위하여 '제3회 재정패널 학술대회'를 개최하고자 합니다. 이에 참여를 원하시는 분들의 연구계획서를 공모합니다. t.co/z3nEKKy

　　[발간자료] KIPF재정동향 제6호가 발간되었습니다. 국내외 재정동향을 한눈에 볼 수 있습니다!! t.co/j2gwwdl

　　KIPF·한미경제학회 공동 콘퍼런스 개최합니다. (2011년 6월 1일, 한국조세연구원 1층 회의실) 관심 있으신 분들의 많은 참여를 바랍니다.

　　서울시는 역사박물관, 120 다산콜센터 등 다양한 부서에서 2009년과 2010년 트위터를 개설해 운영해 왔다.

〈표〉 서울시 실 · 국 트위터 운영 현황 (2013년 3월 31일 현재)

기관(부서)명	트위터 아이디	운영현황
뉴미디어 담당관	서울마니아(@seoulmania)	• 트위터개설 2009/12/01 • 팔로잉 45,437 • 팔로워 43,872 • 트 윗 18,773(일평균 13.1) • 리스트됨 1,029
역사박물관	서울역사박물관(@seoulmuseum)	• 트위터개설 2010/04/01 • 팔로잉 169,540 • 팔로워 173,219 • 트 윗 5,200(일평균 7.7) • 리스트됨 1,464
보육담당관	서울시보육정보센터(@sccic)	• 트위터개설 2010/06/11 • 팔로잉 2,533 • 팔로워 2,309 • 트 윗 1,250(일평균 1.3) • 리스트됨 83
시민고객 담당관	120 다산콜센터(@120seoulcall)	• 트위터개설 2009/08/21 • 팔로잉 66,923 • 팔로워 62,961 • 트 윗 15,143(일평균 2.1) • 리스트됨 374
대변인실	서울특별시 대변인(@seoulspoke)	• 트위터개설 2011/12/01 • 팔로잉 22,759 • 팔로워 21,147 • 트 윗 4,195(일평균 8) • 리스트됨 195

이러한 서울시의 소셜미디어 활용은 SNS를 기반으로 당선된 박원순 호의 출범과 함께 새로운 전기를 맞았다.

▌기업

트위터는 기업홍보에도 중요한 역할을 한다. 삼성그룹은 공식 트위터인 삼성인(@samsungin)과 삼성캠페인(samsungcampaign)을 운영중이고, 한국 피자헛은 트위터를 통해 '피자헛 트위터 리포터'를 모집했다(강은영, 2010). 이는 트위터 이용자들 중에서 리포터를 선발해 신제품 시식평과 이벤트 소식을 실시간으로 소비자에게 전달하기 위해서다.

삼성 SNS친구 200만 명을 넘어서다

2013년 3월말 기준, 삼성의 SNS친구는 200만 명을 넘어섰다. 국내 기업중 가장 많은 숫자. 삼성은 페이스북 트위터 카카오톡 블로그 등 SNS 4대 채널

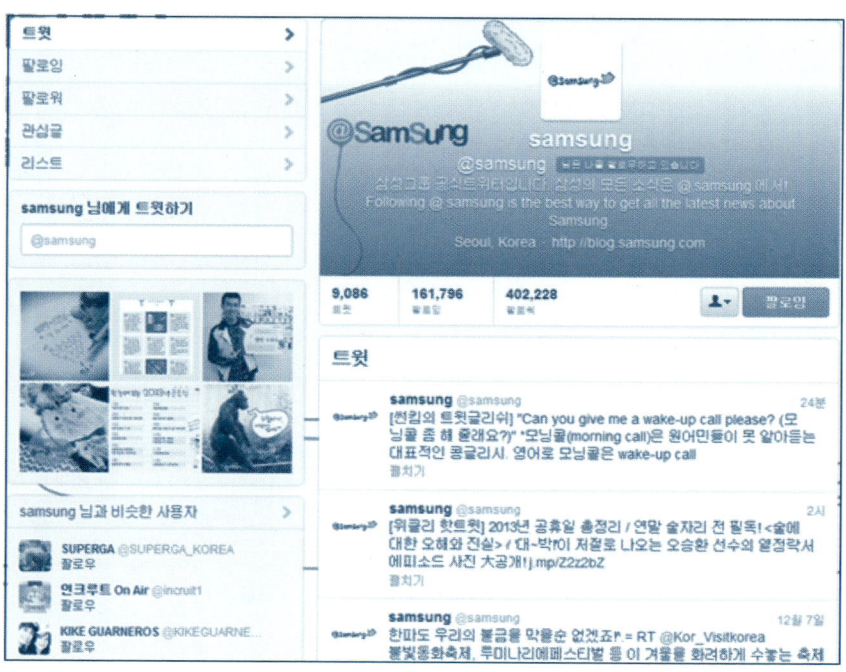

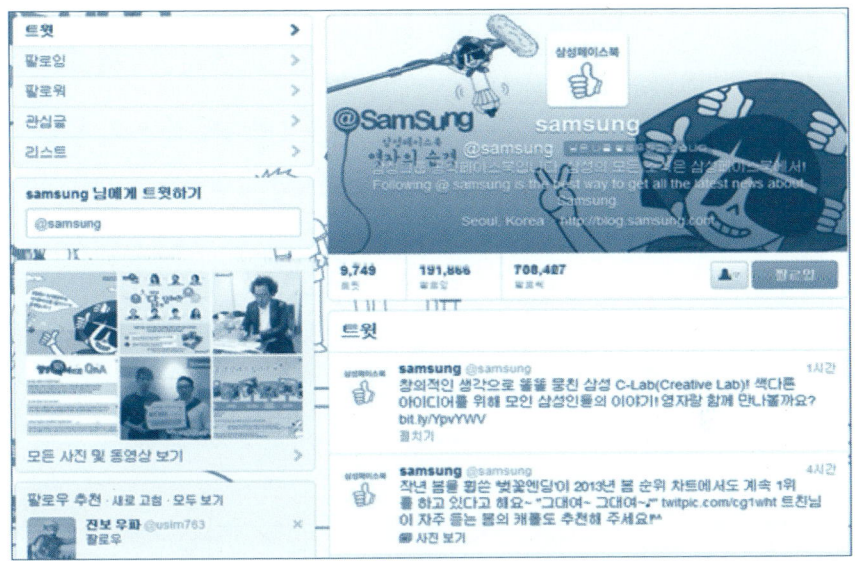

을 구축하고 활발히 소통에 나서고 있다.

2010년 8월 개설한 페이스북은 현재 126만 명의 팬이 있다. 2010년 1월 계정을 만든 트위터는 팔로워가 69만여 명에 이른다. 카카오톡의 '삼성플러

스친구(플친)'은 한 달만에 27만 명을 돌파했다. 이 세 개 SNS친구만 더해도 222만여 명이다.

삼성은 SNS에서의 소통을 강화하고 있다. 채용정보, 열람장서 소식, 공식입장 발표 등 삼성의 각종 소식을 가장 먼저 전파한다. SNS를 삼성과 사회를 잇는 소통채널로 적극 활용중이다.

삼성은 2012년 SNS를 통해 독거노인에게 선풍기를 선물하는 '쿨한 나눔', 저소득층 공부방에 난방비를 지원하는 '따뜻해유(油)' 캠페인 등 사회적 참여를 이끌어내는 온라인 캠페인도 벌였다. SNS친구들을 오프라인에서 직접 만나는 모임도 정기적으로 열고 있다.

두산그룹 박용만 회장, 트위터로 투자자 안심시키다

두산그룹의 박용만 회장은 두산그룹 자금악화설이 시중에 나돌면서 그룹관련 주가가 떨어지자 트위터를 통해 "전혀 걱정할 사안이 아니다"는 메시지를 남겨 투자자를 안심시키기도 했다. 그는 대표적인 재계의 트위터 마니아로 알려져 있으며 팔로워 수는 4만8천여 명에 이른다.

트위터는 고객 데이터를 얻는 효율적인 채널로 사용되기도 한다(황혜정, 2009). 기업 제품이나 서비스에 대해 고객들이 어떻게 생각하고 평가하는지에 대한 데이터를 트위터를 통해 빠르고 적은 비용으로 수집할 수 있는 것이다.

이제 소셜미디어는 기업을 단순히 홍보하는 마케팅 도구에서 소비자의 의견을 듣고 이를 반영하는 아이디어 뱅크로 자리잡아가고 있다.

SK 텔레콤 사회봉사 캠페인 '가능성 프로젝트'

SK 텔레콤의 사회봉사 캠페인 '가능성 프로젝트'는 이 회사의 페이스북 계정(http://www.facebook.com/SKtelecom)을 통해 시작됐다. '○○○이 모이면 ○○○이 가능해진다'는 문장의 빈칸을 채워달라는 문구를 페이스북에 띄워놓고 아이디어를 공모한 결과 수천 건의 아이디어가 고객들로부터 쏟아졌다. 최종적으로 '버려진 자전거가 모이면 누군가의 희망자전거가 됩니다'가 뽑혀 폐자전거를 활용해 복지기관에 기증하는 캠페인이 시작됐다. '가능성 프로젝트' 제2탄은 '버려진 작은 소망이 모이면 꿈의 비행이 가능해집니다'로 고객들이 직접 비행시설을 견학하고 비행훈련체험을 하는 행사를 펼치고 있다.

삼성사회봉사단 '희망의 문화클럽'
바디샵코리아, 아동 · 청소년 인권보장 유엔 청원

삼성사회봉사단의 경우 페이스북에 '희망의 문화클럽'을 열고 문화소외층을 콘서트에 초청하는 활동을 하고 있다.

SNS를 통해 대규모 청원운동도 벌어지고 있다. 바디샵코리아는 아동 · 청소년 인권보장을 위한 유엔 청원을 준비하고 있다.

이처럼 기업들은 소셜미디어를 기업이미지 제고를 위한 마케팅 도구로 적극 활용하고 있다. 또한 고객들의 불만을 즉각적으로 처리함으로써 위기 상황에 대처하고 있다.

미국의 사우스웨스트(Southwest) 항공은 헐리우드의 유명한 감독이자 배우인 케빈 스미스가 너무 뚱뚱하다는 이유로 그의 항공기 탑승을 거부했다. 이에 화가 난 스미스 감독은 트위터를 통해 항공사의 조치를 비난하는 내용을 계속 올렸다. 파문이 확산되자 항공사는 스미스 감독에게 사과하고 100달러에 해당하는 상환권을 지급하고 사과의 글을 게시하기 시작했다. 이후 항공사는 솔직한 태도로 고객들에게 피드백을 제공한 결과 업계 최저수준의 고객불만 민원접수율을 달성하였다.

출처 : 한국정보화진흥원(2010). 공공부문의 성공적인 소셜미디어 도입 및 활용 전략.

▎엔터테인먼트

소셜미디어는 대중이 유명 연예인들과 직접적으로 소통할 수 있는 기회를 열어주고 있다. 근래 들어 소셜네트워크 서비스를 이용해 자신의 평소 모습을 공개하는 스타들이 점차 늘어나고 있다. 즉 스타와 대중의 장벽이 허물어지고 있는 것이다. 스타들이 대중들과 소통하는 방법으로 SNS를 활용하는 이유는 쉽고 빠르게 멀리 퍼지는 특성 때문일 것이다.

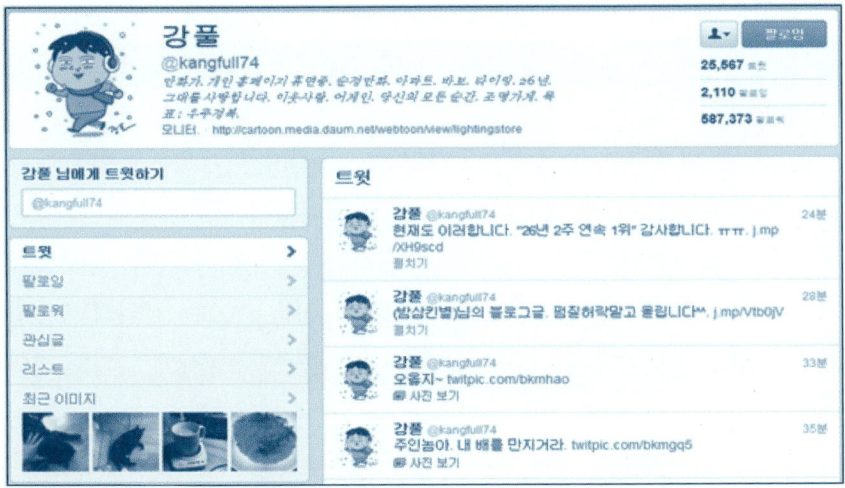

강풀 작가의 웹툰을 영화로 만든 이순재 주연의 '그대를 사랑합니다'는 트위터를 통해 입소문이 나면서 흥행몰이에 나섰다. 김수현 작가와 무한도전의 정형돈, 김제동 씨 등이 트위터를 통해 영화를 추천하면서 많은 관객을 끌어 모았다.

윤은혜 씨는 영화를 본 뒤 자신의 트위터에 "정말 마음 한구석에 아직까지 아련함과 따뜻함이 남아있다. 그분들처럼 연기하고 싶고, 그분들처럼 살아가고 싶고, 그렇게 사랑하고 싶어졌다"라고 밝히기도 했다.

출처 : www.nemopan.com

스타들은 또한 소셜미디어를 통해 기부 캠페인도 펼치고 있다. 상추, 김태우 등 인기연예인들은 성탄절을 앞두고 전국지역아동센터의 어린이들을 위해 '산타의 양말' 기부 릴레이를 펼치기도 했다. 이들은 직접 아이들에게 격려의 메시지도 남겨 연말연시를 훈훈하게 했다.

본격적으로 '트위터' 시작한 이효리

팬들과 좀 더 가까운 곳에서 소통하고 친근해질 수 있는 SNS을 이용해 팬들과 활발하게 소통하는 대표적인 스타들을 모아봤다.

지난(2012) 5월 3일 옥주현 트위터에 올라온 사진 속 이효리는 옥주현에게 트위터 사용법에 대해 배우고 있다. 이효리(@Ffrog799)는 트위터 사용법에 익숙지 않아 트위터를 능숙하게 사용하고 있는 옥주현에게 트위터 개인과외를 받기도 했다. 하지만 현재 6만 8천 명이 넘는 팔로워를 보유하며 '트위터' 하면 떠오르는 대표 스타로 자리 매김했다.

동물애호가로 알려진 이효리는 고양이와 함께 찍은 사진, 유기견 순심이와 찍은 다정한 사진을 공개하며 동물 사랑을 인증했다. 사진 속 이효리는 민낯의 편안한 모습으로 고양이를 쓰다듬으며, 사랑이 듬뿍 담긴 눈빛으로 고양이를 바라보고 있으며, 민낯으로 모자만 눌러쓴 채 애견 순심이와 산책하는 등 일상생활을 공개했다. 또, 모피쇼가 열리는 것에 대해 반대의 입장을 보이며, 이른바 '개념 발언'을 하기도 했다.

이효리는 "혁신창의도시를 지향하는 서울시장님, 5월 16일자로 미국 웨스트헐리우드에선 모피판매금지법이 통과되었다고 해요. 그런데 서울시는 정말 모피쇼가 열리도록 방관하실 건가요?"라는 글을 남기기도 했다. 이어 동물보호시민단체 KARA(Korea Animal Rights Advocates) 홈페이지 게시판에 게재된 관련 글을 함께 링크했다.

이효리는 유기견 보호소에서 데려온 유기견 순심이를 키우고 있으며, 자신의 트위터를 통해 유기견 보호를 위한 홍보도 활발히 하고 있다. 또한, 지난 4월 29일 유기동물에 대한 대중의 관심을 촉구하기 위해 팝 발라드곡

'남아주세요' 를 공개해, 음원 수익은 전액 이효리가 지정한 유기동물 보호소에 지원토록 했다.

이효리는 또한 가수 선배 엄정화와 후배 보아와 나눈 대화로 스타와의 절친을 인증하기도 했다. 보아와 이효리는 트위터 맞팔로우한 사이로 보아는 25일 이효리에게 "잘 지내요. 언니가 트윗하니까 신기하다. 다음에 정화언니와 와인파티 오케이?"라며 세 디바의 와인파티를 제안했다. 이에 대한 대답으로 이효리는 "쪼끄만 게 넌 콜라나 마셔. 언니들은 와인 마실 테니"라고 재치 있게 타박했다.

이효리가 자신보다 어린 보아를 '어린애' 취급하자 엄정화는 두 사람에게 "어린 것들이~"라는 글을 남겨 폭소케 했다. 이효리는 엄정화에게 "깨갱"이라는 글로 꼬리를 내려 웃음을 더했다.

'미친' 37만 명 돌파 산다라박

소셜미디어가 세상을 바꾼다

SNS을 잘 활용하는 대표적인 연예인 중에는 2NE1멤버 산다라박이 있다.

현재 그녀의 미투데이에는 40만 명이 넘는 '미친'(미투데이 친구)들이 있다.

산다라박은 대부분 일상 속 이야기를 웃음으로 승화시킨 코믹 에피소드를 선보여 사랑받고 있다.

어느 날 산다라박은 "렌즈인 줄 알았죠????? 이거 렌즈모

산다라박

양의 머그컵이지~~~롱!!! 히히히!!! 근디 많은 분들이 맞추셨네요! 완전 똑똑해!!!ㅠ.ㅠ 나중에 랙잭이들 만나게 되면 우리 사진이 있는 니콘 화일을 선물로 주겠어요! ^_^ 그거 완전 귀여워요! 안 파는 거에요! ㅋㅋ득템!!!" 이라는 글과 함께 '소두인증' 셀카를 공개했다.

앞서서는 "아~ 이건 별건 아니구 내가 멤바들에게 주는 선물~!^^;; 2주년 기념으로 멤바들 이름과 2주년 하트를 ㅊㅘㄱ~! 새겨서 줬는데..! 원래 투애니원 뽀레버 쓰려다가 유치할까봐 바꿨는데 그게 더 낫다고 하네요 애들이ㅠㅋ지금 바꿀 수도 없고_ㅡ 역시 사랑을 쓰려거든 연필로..ㅠㅋㅋ" 로 라며 멤버들과 돈독한 우정을 자랑하기도 했다.

이러한 활발하고 친근감 있는 SNS 활용 사례 덕에 그녀는 연세대학교 강단에 서기도 했다.

연세대 경영대학의 초청으로 '소비자행동론' 강의의 강사로 나선 그녀는 가장 중요하게 생각하는 것이 "진실성과, 재미, 그리고 자연스러움"이라고 밝히며 "단순히 홍보의 수단으로 SNS를 활용하기보다는 진심을 갖고 소통하는 도구로 SNS을 활용해야 의미가 있다"고 전했다.

강의 후 산다라박은 "오늘 강의 끝나고 받은 선물이에요~!!! ^.^ 후드티 좋아하는데!!! 잘 입을께요~! 다음에 또 연대 축제에 투애니원 초대되면 ~ 그때 이 후드티 입고 갈게요! ^^ 콜~!!!ㅋ"이라며 인증샷을 올렸다.

할리웃스타와 동급 '페이스북' 이민호

배우 이민호의 페이스북은 세계 배우 8위에 랭크됐다.

지난 3월 인터넷 조사 전문업체인 '페임카운트닷컴'의 페이스북 순위에 따르면 이민호의 페이스북은 메건 폭스, 빈 디젤, 윌 스미스, 성룡, 데일러 로트너, 애쉬튼 커쳐, 이연걸 등에 이어 세계 배우 순위 8위에 랭크된 것으로 알려졌다.

이민호의 페이스북에 등록된 친구는 320만 명을 넘어섰으며, 전 세계 15개 이상의 국가에서 접속해 영어, 한국어, 스페인어 등 다양한 언어의 메시지가 남겨지고 있다. 그의 페이스북에는 이동하면서, 대기하면서, 최근 근황까지 팬들과 매일매일 소통하는 모습이 공개돼 있다.

하루는 "여러분들 덕분에 시티헌터 태국 일정을 무사히 마치고, 오늘부터 한국에서 촬영을 시작했어요. 저녁식사를 하러 왔는데 꽃남 때 촬영했던 레스토랑이네요ㅋ 앞으로 CITY HUNTER를 꾸려 갈 스텝들과 함께… 파이팅!"이라며 드라마 촬영에 한창인 근황을 남겼다.

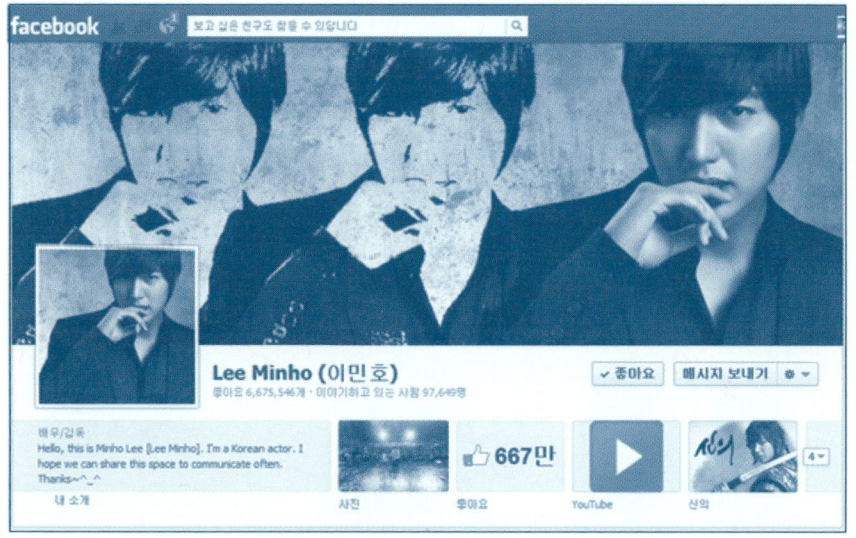

한편, 이민호는 얼마 전 일본의 지진 피해가 있었을 당시 '#PrayforJapan'
메뉴를 만들어 일본과 지진 피해자들을 위해 응원의 메시지를 남기기도 했
다. 이 페이지에 접속한 일본의 한 사용자는 '민호군, 전세계의 여러분 힘
을 모아 하나가 되어 노력하겠습니다. 감사합니다' 라는 다짐을 전하기도
했다.

<표> 주요 대안언론

분야	매체명	관심분야	비고
팟캐스트·라디오방송	나는 꼼수다	정치·시사	지난(2011) 4월부터 애플 아이튠스에 업데이트, 현재 28회 제작. 회당 청취 횟수는 약 600만건
	따뜻한 라디오	정치·시사	지난(2011) 6월부터 유시민 국민참여당 대표가 진행
	정석정치	정치·시사	지난(2011) 10월 오마이뉴스 제작. 이해찬 전총리가 진행
	시사난타 H	정치·시사	한국일보가 서비스하는 팟캐스트
	라디오21 (www.radio21.tv)	정치·시사	2002년 16대 대통령선거 운동 방송으로 시작
독립언론	진보넷 (www.jinbo.net)	노동·인권	1998년 11월 서비스 개시. 진보진영간 정보인프라 및 사회적 연대 구성 목적으로 설립
시민단체	투명사회를 위한 정보공개센터 (www.opengirok.or.kr)	사회 일반	2008년 10월 창립. 기록정보 대중화를 위해 국민의 알권리를 실현. 정보공개캠페인. 후원회원 700명.
전문매체	에이블뉴스 (www.ablenews.co.kr)	장애인	2002년 12월 설립. 장애인 인권옹호 및 인식개선과 장애인의 참여, 자립정보 제공
	가톨릭뉴스 지금 여기 (www.nahnews.net)	종교·인권	2007년 9월 포털 다음 카페 창간. 2009년 정식언론사로 출범. 가톨릭계와 여러 분야의 인사들이 운영진. 상근기자 및 객원기자들이 뉴스 생산. '명동 재개발'에 대한 문제점 제기
지역언론	미디어충청 (www.cmedia.or.kr)	노동·인권	2007년 창간. '노동자 민중언론' 표방. 유성기업노조 전문 미디어

분야	매체명	관심분야	비고
SNS	용가리통뼈뉴스 (@YoToNews·약자YTN)	정치·사회	해직기자인 노종면 전YTN 노조위원장이 만드는 1인미디어. 부조리한 정치, 사회적 상황에 대한 촌철살인 비평. 팔로워 1만 명.
	미디어몽구 (www.mongu.net)	사회 일반	2005년 12월부터 운영. 본명은 김정환. 티스토리 파워블로거·미디어다음 우수블로거. 영상취재전

※ 대안언론이란 잘 알려져 있지 않거나 보수언론들이 외면하는 사회문제에 대해 폭넓은 시각과 관심을 갖고 접근하는 매체이다. 넓은 범주에서는 SNS도 대안언론의 범주에 포함된다.

3장

소셜미디어의 매력

3

소셜미디어의 매력

소셜미디어의 중요한 특징 중의 하나는 실시간 소통이다. 이 때문에 큰 사건이 발생했을 때 소셜미디어는 기존 언론사보다 앞서 상황을 보도할 수 있는 것이다. 일례로 2009년 1월 발생한 미 항공기 허드슨강 불시착 뉴스를 처음으로 알린 매체는 트위터였다.

이 외에도 화재나 테러, 지진 등 굵직굵직한 사건이 발생했을 때 트위터는 위력을 발휘했다. 스마트폰의 보급으로 현장에서 곧바로 사진을 찍어 트위터에 올리기가 한층 쉬워졌기 때문이다.

이처럼 소셜미디어를 통해 개인의 의견이나 주장, 정보 등이 곧바로 게시되고 공유되기 때문에 빠르고 신속하게 정보를 제공할 수 있다. 소셜미디어가 가지고 있는 이러한 특징은 필자가 경험한 사례에서 가장 잘 드러나고 있다.

▌사례 1

대학선배의 제안으로 학과 동문 그룹이 페이스북에 만들어져 그 그룹에 가입하게 되었다. 그동안 소식을 모르고 살았던 동문 선후배들이 페이스북에 가입인사를 하기 시작했다. 페이스북에 가입한 동문 선후배들에게 오프라인 모임을 갖자는 제안도 떴다. 모임 시간 장소는 2011년 6월 9일 저녁 7시, 광화문에 있는 한 식당.

'참석율이 저조할 것' 이라는 예상대로 참석한 인원은 모두 3명. 페이스북 동문 그룹을 만든 81학번과 87학번, 92학번. 81학번 선배는 아예 페이스북을 몸에 달고 다닐 정도로 모임 내내 무언가를 열심히 써서 페이스북에 올리고 있었다.

87학번은 페이스북을 통해 현재 3명이 모여 있다는 글을 올렸다. 순식간에 여러 댓글이 달렸다. 영국 세필드에서 "형 잘 지내시죠?"라고 후배가 안부인사를 보내왔고, 독일 베를린에 있는 한 후배는 "함께 있지 못해 못내 아쉽다"는 글을 남겼다. 페이스북이 글로벌 미디어이자 글로벌 빌리지를 만들고 있다는 걸 실감, 실시간 의사소통의 위력을 느낄 수 있다. 모임에 나

페이스북 동문 모임에 참석한 선후배

온 선후배 모습을 스마트폰으로 찍은 뒤 사회학과 그룹에 올렸다. 현장에서 사진을 찍어 바로 페이스북에 올리는 과정은 너무 쉽고 간단하다.

첫 번개모임이었지만 많은 사람들이 바빠 참석하지 못해 미안하다는 문자를 보내왔다. '매체가 곧 메시지다' 라는 맥루한의 말을 떠올리며 다음 모임을 기약했다.

이처럼 소셜미디어는 실시간 소통의 장이다. 소셜미디어에 접속하는 바로 그 순간 전 세계 모든 사람들이 소셜네트워크 서비스를 통해 서로 연결되는 것이다.

▌사례 2

소셜미디어가 지닌 실시간 소통이라는 이점 때문에 소셜미디어를 통해 즉각적인 반응과 피드백을 받기도 한다. 다음 사례는 어느 언론사 기자가 본인의 페이스북에 올린 글이다. 그는 황석영 작가에 대한 인터뷰 질문내용을 친구들에게 요청했는데 글을 올린 지 하루도 안 되어 많은 댓글이 달렸다.

• 페북 친구님들, 긴급 도움을 구합니다. 오늘 저녁에 '100도 인터뷰' 로 황석영 선생님을 모셔서 문학인생 50년을 조명하는 인터뷰를 할 계획인데, 궁금한 질문거리 있으면 좀. (요즘 머리가 텅 비었어요)

=〈낯익은 세상〉후기에서 '자본주의가 끝을 향해 치닫고 있다' 고 황석영 샘이 말씀하셨던데, 좀 더 자세한 이야기를 듣고 싶다
=전자책 출판시장이 커지고 있는데 전자책에 대한 의견
=냉전의 시대가 끝났는데도 아직도 남북분단문제가 해결되지 않았고 오히려 악화되어 가고 있는 상황에서 이에 무관심한 젊은 세대에게 해 주고 싶은 말씀

소셜미디어가 세상을 바꾼다

내지 후배 작가들에게 당부하고 싶으신 말씀이 궁금합니다.

　=뒤늦게 예능프로에 입문하셨는데 소감이 어떠신지

　=가카(각하)와 친하게 지냈다는 것처럼 보였다는 이유로 비난을 퍼부었던 진

영에 대한 생각

　=문학인의 사회참여, 어느 수준까지 용인되어야 하는가

실명에 기초한 소통

소셜미디어가 기존의 미디어와 다른 점은 무엇보다도 실명에 기초한 소통이라는 점이다. 페이스북의 경우를 보면 나타나듯이 이용자들은 닉네임을 사용하지 않고 실명을 쓰는 경우가 대부분이다. 개인의 프로필을 적극적으로 밝히는 경우가 많다. 가령, 이메일, 생일, 종교관, 정치성향, 자신이 좋아하는 책이나 영화, 인용문 등을 드러낸다. 아울러 출신배경이나 결혼여부를 공개하기도 한다.

이러한 소통방식은 익명에 기초한 이전의 인터넷소통과 구별되는 것으로 마치 면대면 소통방식과 크게 다를 바 없다. 상대방이 누군인지에 대해 어느 정도 알고 있는 상태에서 커뮤니케이션을 수행하는 것이다.

소셜미디어 이전의 인터넷환경에서는 사람들은 자신이 누구인지를 잘 드러내지 않았다. 많은 네티즌들이 익명을 사용하면서 타인에게 상처를 주거나 타인의 명예를 훼손할 만한 글들을 올리곤 했다.

이러한 문제는 실명과 자신의 프로파일 공개에 바탕을 둔 소셜미디어의 등장으로 해결된 듯하다. 사람들은 면대면 상황에서 대놓고 마주한 친구들을 욕하질 못한다. 마찬가지로 페이스북 상에서 사람들은 누구와 소통하는지를 잘 알기 때문에 함부로 남을 비방하는 글을 쓰기 어렵다. 왜냐하면 자

기 자신의 이미지를 관리해야 하기 때문이다.

미국 대학생 119명을 대상으로 한 조사에서 응답자의 90% 이상은 그들의 실명을 쓰면서 가입등록을 했고 성별, 생일, 고향을 개인 프로파일에 포함시켰다(Debatin et al., 2009 참조).

대부분의 대학생들은 자신뿐 아니라 친구나 가족의 사진을 올렸다. 10명 중 8명(80%)은 취미, 좋아하는 TV 쇼, 음악 영화, 관심분야, 다녔던 학교, 이메일 주소를 그들의 프로파일에 올려놓았다. 대략 3분의 1 가량은 전화번호나 주소, 집 번호와 같이 연락할 수 있는 정보를 제공하기도 했다. 페이스북 이용자들은 프라이버시 침해 우려에도 불구하고 개인정보를 비교적 자세하게 제공하고 있다.

자기 정체성과 이미지 관리에 기반을 둔 의사소통시대가 다가오고 있다.

관계의 확장

소셜미디어를 이용하는 비율은 아직까지 낮지만 소셜미디어를 이용하는 사람들은 소셜미디어를 통해 관심사를 확대하고 인맥을 넓히는 등 소셜미디어의 긍정적인 측면을 많이 느끼고 있는 것으로 나타났다.

중앙일보가 지난해(2011) 4월 트위터 이용자 689명을 조사한 결과, 응답자의 56%가 SNS를 통해 기부나 서명, 공동구매에 참여한 적이 있다고 응답했다. 인간관계의 변화에 대해서는 응답자의 25%가 온라인 인맥이 늘었다고 이야기했고 14%는 지인과 교류가 늘었다고 말했다. 단지 응답자의 19%만이 변화가 없다고 답했을 뿐이다. 트위터와 같은 마이크로블로그를 이용하는 목적은 정보습득 및 교류가 가장 많았고 커뮤니케이션, 친교·교제, 오락·여가, 개인 홍보 순이었다.

세계적인 정보사회학자 하워드 라인골드도 자신이 트위터를 이용하는 이유 중 하나로 '새로운 사람들을 만나는 수단'을 꼽았다. 이처럼 소셜미디어는 지인과의 관계 증진뿐 아니라 모르는 사람들과의 관계도 확장할 수 있는 매체가 되고 있다.

정보사회학자 하워드 라인골드(Howard Rheingold)가 말하는 트위터 이용 이유

하워드 라인골드는 자신이 트위터를 이용하는 이유에 대해 다음과 같이 말한다.

• 개방성

어떤 사람이라도 트위터에 가입할 수 있고 가입 후에는 어떤 사람과도 관계를 맺을 수 있다.

• 즉시성

트위터 상에서는 끊임없이 일이 일어나기 때문에 만약 당신이 일주일에 한 번 트위터를 방문한다면 트위터에 대한 재미를 느끼지 못할 것이다.

• 다양성

트위터에는 정치적인 논쟁, 가십, 과학적 정보, 뉴스 플래쉬, 사회적 논쟁, 학교수업 등 다양한 정보들이 존재한다.

• 호혜성

사람들은 그들이 필요로 하는 정보에 대해 트위터를 통해 자유롭게 서로 주고 받는다.

• 새로운 사람들을 만나는 수단

내가 잘 알지 못하지만 교육적 기술에 대한 열정을 공유하고 있는 사람들을 팔로우한다.

- **커뮤니티 형성**

트위터는 커뮤니티는 아니지만 커뮤니티가 출현할 수 있는 생태적 환경을 갖추고 있다.

- **정보탐색**

트위터는 필요한 단어를 실시간으로 쉽게 찾을 수 있는 기능을 가지고 있어 트위터를 이용하면 내가 관심을 갖고 있는 주제에 대한 다양한 정보를 찾을 수 있다.

출처 : www.facebook.com/note.php?note_id=142421425799191

사회자본의 증진

소셜미디어는 사회적 상호작용을 위한 인적 네트워크이기 때문에 잘만 활용된다면 사회자본을 증진하는 데 중요한 역할을 한다.

퍼트남(Putnam)에 따르면, 사회적 자본은 사회적 규범과 신뢰, 사회적 네트워크를 의미하며 가족이나 친구, 이웃, 직장, 시민단체, 인터넷공동체와 같은 네트워크 속에 구현돼 있다(Helliwell & Putnam, 2004).

그는 "사회적 네트워크가 가치를 가진다"고 주장한다. 이러한 사회적 자본은 교량적 사회자본과 결속적 사회자본으로 형태가 나뉜다. 교량적 사회자본은 다양한 사회집단 사이를 넘어서는 연결망인 데 비해 결속적 사회자본은 인종, 나이, 사회계급 등에서 유사한 사람간의 연결망이다. 전자가 집단과 집단 사이의 관계를 이어주는 것(약한 유대)을 의미한다면 후자는 집단내의 결속을 강화하는 네트워크(강한 유대)를 의미한다.

국내 한 연구에 따르면, 트위터 이용은 사회적 자본을 증진하는 것으로

소셜미디어가 세상을 바꾼다

드러났다. 즉 심홍진·황유선(2010)의 연구결과 트위터 이용 강도는 교량적 사회자본과 결속적 사회자본에 대해 모두 긍정적인 효과를 미쳤다. 교량적 사회자본에 미치는 영향력이 결속적 사회자본에 미치는 영향력보다는 약간 큰 것으로 드러났다.

이 연구에서는 흥미롭게도 자아존중감이 높을수록 교량적 사회자본과 결속적 사회자본 역시 강화되었으며 자아존중감은 교량적 사회자본보다 결속적 사회자본에 더 큰 영향을 미쳤다. 이는 자신을 높이 평가하고 자신에 대한 긍정적인 태도를 가진 트위터 이용자일수록 트위터에서 비교적 강한 유대를 선호한다는 것을 경험적으로 보여주고 있다.

또 다른 미국의 연구는 페이스북이 사회자본을 증진하는 데 중요한 역할을 하고 있다고 주장한다(Valenzuela et al., 2009). 여기서 사회자본은 삶의 만족, 사회적 신뢰, 시민참여활동, 정치적 참여활동을 포괄하는 개념으로 규정되었다.

이 연구결과에 의하면, 페이스북 이용은 삶의 만족, 사회적 신뢰, 시민참여와 긍정적인 관련이 있었다(페이스북 이용 정도는 페이스북 친구수, 페이스북에 보내는 하루 평균 시간, 페이스북에 대한 감정적 집착 정도로 측정되었다).

페이스북 이용이 사회적 신뢰에 미치는 영향은 그다지 크지는 않았다. 또한 페이스북 이용 정도는 시민참여(자원봉사활동 등)와 유의미한 관련이 있었지만 정치적 참여(서명, 투표참여, 불매운동 등)와는 관련이 없었고 오히려 페이스북 그룹 이용 정도가 정치적 참여와 관련이 높았다. 페이스북에 있는 그룹에 가입해 활동을 많이 하는 사람일수록 시민참여도 높을 뿐더러 정치적 참여 정도도 높은 것으로 나타났다.

이 연구결과를 요약하면, 페이스북을 많이 이용할수록 개인적인 삶의 만족도 크고 타인에 대한 높은 신뢰를 갖고 있으며 시민참여 활동과 정치적 활동에도 적극적이다.

이같은 결과는 앞서 언급한 트위터 이용처럼 페이스북 이용 정도가 사회적 자본의 증진에 어느 정도 영향을 미치고 있다는 것을 경험적으로 뒷받침해 주고 있다.

"스마트폰, SNS 등을 쓰면 인간은 행복해질까?" 위 질문은 필자의 페이스북 친구가 페이스북에 올린 글이다. 그의 대답은 이렇다.

"연결과 공유, 그리고 이를 통한 소외로부터의 탈피, 그것에 조금이나마 기여할 수 있기에 스마트폰과 SNS가 행복에 도움을 준다고 생각하는 것이다. 하지만 이미 오프라인에서 강력한 커뮤니티를 구성하고 있는 사람이라면 SNS가 굳이 행복을 가져다준다고는 말하지 못한다. 다시 말해 관계망의 유지의 물리적, 공간적 비용을 감당할 수 있는 사람들에겐 SNS가 행복을 가져다준다고 말하지 못한다는 것."

사회참여활성화

최근 중동의 민주화 시위에서도 드러났듯이, 소셜미디어는 사회참여를 증진시키고 활성화 하는 주요 채널이 되고 있다. 2010년 말과 2011년 초 튀니지와 이집트에서 발생한 중동시민혁명은 SNS혁명으로 불릴 정도로 소셜미디어가 사회운동에 큰 위력을 발휘했다.

이항우(2011)는 당시 페이스북이나 트위터는 시위의 정당성과 시위참여를 설득하는 주요 도구로 활동가들에게 활용되었다고 주장한다. 또한 소셜미디어는 적은 비용으로 개인과 집단 사이의 빠르고 자율적인 정보교환, 상호작용, 집단적 저항행동의 적절한 조율에 큰 효과를 발휘했다. 튀니지나 이집트 정부는 인터넷 내용을 검열하고 접속을 차단하는 등 정보확산을 막았지만 소셜미디어를 통한 집합행동은 막지 못했던 것이다. 소셜미디어를 통한 정치시위는 점차 네트워크화된 개인을 중심으로 한 탈중심화된 행동으로 발전하고 있다.

미국 국민을 대상으로 한 조사에서도 페이스북과 트위터를 통해 정치정보를 얻거나 정치적 메시지를 활발히 게재한 사람일수록 오프라인 정치참여도 활발한 것으로 나타났다(정나원, 2011 참조). SNS를 통해 정치적 컨텐츠를 유통시키거나 정치적 이슈에 관한 개인적인 견해를 게시하고 정치적 내용의 정보를 게시한 사람일수록 투표를 하거나 정치집회에 참여하는 빈도가 높게 나타나고 있는 것이다. 이러한 연구결과는 국내 조사결과에서도 나타나고 있다.

송경재(2011)의 연구결과 SNS를 적극적으로 이용하고 있는 세대는 웹 1.0 세대에 비해 정치참여가 높았다. 그는 SNS 세대를 "생물학적 세대가 아닌 디지털 환경에서 소셜네트워크 기반의 소통양식변화에 친숙하여 사회의 정치·경제·문화적 가치를 변화시키고 주도하는 집단"(62페이지)으로 규정한다.

SNS 세대는 투표, 길거리정치참여(집회, 촛불시위 등) 뿐 아니라 온라인 정치토론이나 게시판글쓰기 등 온라인정치참여가 활발했다. 국내외 연구는 SNS가 정치참여에 긍정적 영향을 미치고 있음을 보여주고 있다. 국내에서도 소셜미디어의 확산에 따라 소셜미디어를 통한 사회참여는 더욱 활발해지고 있다. 그 대표적인 사례가 2011년 확산된 대학생들의 반값등록금 시위다.

　2011년 6월은 6.10 민주항쟁 24주년을 맞아 대학생들의 반값등록금 시위로 뜨거웠다. 3년 전인 2008년 6월 10일은 미국산 쇠고기 수입반대 촛불집회로 광화문 광장이 온통 촛불로 뒤덮였다. 3년이 지난 2011년 대학생들의 등록금 반값운동으로 촛불이 여기저기에 켜졌다.

　3년 전과 달라진 점은 2010년을 전후로 우리 사회에서 확산되고 있는 소셜미디어가 집회상황을 알리고 서로의 연대를 확인하는 중요한 매체로 등

2011년 6월 대학생들의 반값등록금 시위

장하고 있다는 것이다.

이날 집회현장에서 만난 대학생은 모두 3명. 이중 2명은 여학생이었고, 1명은 남학생이었다. 모두 부지런히 현장상황을 소셜미디어를 통해 전달하고 있었다. 특히 이들은 트위터나 페이스북에 게시된 반값등록금과 관련된 정보에 많은 영향을 받고 집회에 참석하게 됐다고 말했다. 즉 소셜미디어가 대학생들의 사회정치적 참여를 활성화 하는 데 중요한 역할을 하고 있는 것이다.

집회에 참가한 대학생들과 약간 떨어져 현장을 주시하고 있던 두 여학생은 같은 대학교 3학년생이었다.

여자 대학생 1 인터뷰

• 페이스북은 언제부터 이용했나?

=스마트폰 바꾼 지가 얼마 안돼 두 달 전부터 이용했다. 이번 집회에 참가하게 된 것도 사람들이 트위터나 페이스북에 올린 글을 보고 자극받아 오게 됐다. 저의 팔로워가 성공회대 탁현민 교수와 김여진, 김제동 연예인인데 이들이 집회 실시간 상황과 제가 생각할 수 있는 글들을 많이 올린다. 오늘만큼은 나와야 되지 않느냐고 생각해 나오게 됐다.

• 오늘 페이스북에 몇 건이나 올렸나?

=한 건 올렸다. 저희 학교 총학생회장인 한대련 의장님 힘내시라고 올렸다. 페이스북은 아는 사람들끼리 사용하는 매체이기 때문에 여기에 글을 올리면 저희 학교 학생들이 많이 공감할 것 같아서다.

• 페이스북 친구들은 몇 명인가?

=대략 60여 명이다. 학교 친구뿐 아니라 중고등학교 동창들도 있다.

• 트위터나 페이스북이 촛불집회에서 어떤 역할을 한다고 생각하는가?

=매우 중요한 역할을 하고 있다고 생각한다. 스마트폰이 대세다 보니 인터넷보다 더 실시간으로 정보를 제공한다. 제가 집회상황을 올리면 저를 팔로우하는 사람들이 보게 되고 팔로워들이 다시 리트윗을 하게 되면 순식간에 정보가 퍼진다. 따라서, 소셜미디어는 파급효과가 굉장히 큰 것 같다. 인터넷은 기사, 댓글 정도지만 소셜미디어는 자신의 의견을 적극적으로 전달할 수 있다. 사진 찍어서 집에 갈 때 한두 건 더 글을 페이스북에 올리고 싶다.

• 평소에 얼마나 자주 트위터를 이용하나?

=거의 매일 트위터에 올라온 글을 본다. 한 시간에 한 번은 보는 것 같다. 지금 무슨 일이 일어나고 어떤 글이 올라오며 사람들 의견은 어떤 것이 있는지 궁금해서 자주 트위터를 이용하는 편이다.

• 트위터와 페이스북의 차이점은?

=페이스북은 아는 사람들과의 관계고 트위터는 제가 잘 모르는 사람들과도 연결될 수 있는 매체다. 트위터의 경우 제가 평소에 잘 모르는 다양한 정보도 알 수 있어 자주 이용한다.

소셜미디어가 세상을 바꾼다

여자 대학생 2 인터뷰

• 트위터와 페이스북은 언제부터 이용했나?

=트위터는 1년, 페이스북은 6개월 됐다.

• 페이스북 친구들은?

=대략 140여 명이다. 대학생이 반 정도 되고 선배, 동아리 친구들도 있다.

• 이번 등록금반값 촛불집회에는 얼마나 참여했나?

=오늘 처음 나왔다. 하지만 3년 전에 미국산 쇠고기수입반대 촛불집회에 참여한 적이 있다. 페이스북에서 알게 된 사람이 페이스북에 대학생들의 등록금과 관련된 내용을 많이 올렸는데 이 글에 영향을 받아 집회에 참석하게 됐다. 물론, 저의 문제와 관련이 많이 나오게 됐다.

• 오늘 페이스북에 몇 건이나 올렸나?

=한 건 올렸다. 올리자마자 친구들의 댓글이 쏟아졌다. 내용은 "사람들이 많이 모였다. 과연 사람들의 외침이 효과가 있을 것인가"였다. 다들 공감한다는 댓글이 많이 붙었다.

• 페이스북은 평소에 얼마나 이용하나?

=매일 자주자주 이용한다.

• 트위터와 페이스북이 어떤 면에서 좋나?

=실시간 소통이다 보니 친구들과도 매일매일 이야기할 수 있다. 내가 겪고 있는 고민과 상황을 바로 공유할 수 있어서 좋다. 저는 페이스북을 선호하는 편이다. 페이스북의 경우 하나의 글에 달린 여러 개의 댓글을 동시에 볼 수 있다. 마치 채팅처럼 대화를 나눌 수 있어 페이스북을 트위터보다 즐겨 이용하는 편이다. 미투데이는 가입돼 있지만 주로 스포츠관련 정보를 얻는 편이다.

친구들과 함께 현장에서 피자와 치킨을 시켜 먹고 있던 한 남자 대학생은
다음과 같이 소셜미디어의 영향에 대해 얘기했다.

남자 대학생 인터뷰

• 트위터는 언제부터 이용했나?

=트위터를 이용한 지는 1년 정도 됐다. 거의 매일 트위터를 이용하는 편이
다. 현재 트위터 팔로워 수는 천명이 넘는다. 하루에 5시간 이상 트위터를 이
용하고 있다. 스마트폰 도입으로 트위터를 이용하기가 훨씬 쉬워졌다. 페이
스북은 아는 사람과 관계를 맺기 쉽고 트위터는 모르는 사람과도 관계를 맺
기가 쉬워진다.

• 트위터에 주로 어떤 글을 올리나?

=집회에서 나오는 구호나 누가 발언하고 있고 어떤 사람들이 와 있고 어
디로 행진하고 있는지 등을 주로 트위터에 올린다. 하루에 50~60건 올린다.
사진은 자주 올리지 않는 편이다.

• 트위터의 좋은 점은?

=트위터의 좋은 점은 모를 때 질문을 하면 곧바로 답장이 온다는 것이다.
예를 들어, 오늘 집회장소가 어디냐고 물으면 몇 초 안에 답이 올라오거나
쪽지가 전달된다.

• 집회에 나오게 된 이유는?

=오늘 네 번째로 집회에 참여했다. 집회에 나오게 된 이유는 원래 개인적
으로 문제의식을 가지고 있었고 트위터에서 사람들이 같이 나가자고 하니까
나오게 됐다. 사실, 혼자서는 잘 집회에 못나간다. 오늘 집회에 같이 나온 사
람들도 대부분 모르는 사람들로 트위터를 통해 만났다. 트위터를 통해 약속
시간을 정하고 현장에서 연락해서 만났다.

기부문화의 확산

소셜미디어를 통한 기부문화도 확산되고 있다. 아래 "한 시간의 기적" 사례에서도 나타나듯이, 소셜미디어를 통해 자신이 번 돈의 일부를 기부하려는 움직임이 최근 확산되고 있다.

사례. 한 시간의 기적

2012년 2월 2일 설립된 이 페이지는 대학생들의 기부운동 및 확산을 위해 시작됐다. 아래의 소개글을 보면 대학생들이 아르바이트로 번 한 시간의 돈이 학업이 어려운 중·고등학생들에게 큰 힘이 된다고 돼 있다.

2012년, 전에는 없었던, 그리고 대학생들이 만들어가는 새로운 기부운동이 시작됩니다! 여러분의 아르바이트 5000원 한 시간 시급만큼의 가치가 학업이 어려운 중, 고등학생들에게는 큰 힘이 됩니다. 모두 저희와 함께 뜻깊고, 가슴 따뜻한 기부운동에 동참해 주세요 :) "기부는 하단 사이트주소 goo.gl/aW6IM 를 방문해 주세요."

캠페인을 시작한 지 6개월이 지난 9월 말에는 100명의 기부자가 828시간 (4,140,000원)을 기부하는 성과를 올리기도 했다. 기부금은 주로 저소득 청소년들에게 장학금을 주거나 도서를 전달하는 데 쓰인다.

출처 : www.facebook.com/MiracleinanHour

4장

소셜미디어에 빠진 사람들

4

소셜미디어에 빠진 사람들

소셜미디어의 확산으로 소셜미디어에 빠진 사람들이 늘고 있다. 소셜미디어를 즐겨 이용하는 사람들을 만나 그들이 소셜미디어를 어떻게 이용하게 됐으며 왜 이용하는지, 소셜미디어의 장단점은 무엇인지 등을 알아보자.

블로그에 빠진 쨍가

정부출연연구기관에 근무하는 ○○○ 박사는 파워블로거로 인기를 누리고 있다. 그의 블로그(일명 쨍가 블로그)를 방문하는 하루 평균 방문자 수는 대략 1,000여 명으로 그는 다양한 사회현상을 심리학적으로 설명하려고 노력한다.

다음은 쨍가와 가진 인터뷰 내용이다. 인터뷰에도 나와 있지만 그가 생각하는 파워블로거의 조건은 자신만의 콘텐츠와 꾸준한 글쓰기이다. 진정 짱가와 같은 파워블로거가 되려면 남과 다른 자신만의 관점과 스토리텔링방식을 가져야 한다. 아울러 꾸준히 글을 올리는 것도 중요하다.

[인터뷰] 파워블로거 짱가

• 블로그를 시작하게 된 시기와 그 배경은?

=대학원 졸업을 앞둔 2002년 말에 블로그를 해보라는 지인의 제안으로 시작했습니다. 처음 동기는 그동안 써두거나 앞으로 쓰려는 글을 검색하기 쉽게 보관하려는 개인적인 문서보관 창고로 쓰려는 것이었습니다. 덤으로 우연히라도 내 블로그를 찾아올 사람들에게도 보여줄 수 있으면 더 좋을 것이고. 그런데 의외로 블로거들끼리는 남들의 블로그를 찾아보는 일이 많아서인지 시작한 지 며칠 만에 구독자들이 몇 명 생기더군요. 그러다가 야후코리아의 제안을 받고 야후코리아에서도 블로그를 열었습니다. 그래서 원래 하던 블로그는 개인용으로, 야후 블로그는 공식적인 것으로 운영했죠. 하지만 연구소에 다니면서부터는 개인용 블로그까지 운영하기는 힘겨워서 야후 블로그만 운영 중입니다.

• 블로그를 통해 추구하고 싶은 것은?

=처음에 썼듯이, 블로그를 운영하는 첫 번째 목적은 제가 쓴 글을 일목요연하게 정리해서 보관하기 위함입니다. 블로그의 검색기능을 이용하면 내가 전에 이 주제에 대해서 뭐라고 썼는지, 그래서 그때와 같은 생각인지 뭐가 바뀌었는지 쉽게 찾을 수 있죠. 덧붙여 어디에 투고를 하기 전에도 검색을 할 때가 있습니다. 비슷한 다른 글을 써놓은 적이 있는지, 다른 곳이 비슷한 투고를 한 적이 있는지 등등을 검증하기 위해서. 글쓰기 시작한 지 몇 년 되고 써 놓은 글이 많아질수록 이런 기능은 요긴합니다. 상황에 따라서는 이미 써 놓은(그러나 어디에 투고하지 않았던) 글을 참고하거나 재활용하는 경우도 많고요.

그 외에, 블로그는 일종의 테스트베드라고 할 수 있습니다. 내가 생각해본 것들을 글로 써서 올려놓으면 많은 사람들이 와서 보고 그에 대해 의견을 표출하죠. 그 의견을 참고로 생각을 수정보완하기도 하고 새로운 아이디어를 얻을 수도 있습니다. 소통을 통한 상호발전의 장이라고 할 수 있죠. 물론 모든 포스트가 그런 결과를 가져오지는 않습니다. 쓰레기 리플들만 달리거나, 아무런 리플도 없는 경우도 많죠.

• 블로그를 통해 전달하려고 하는 내용들, 즉 블로그를 통해 무엇을 네티즌들에게 이야기하고 싶고 전달하고 싶은가?

=그때그때 다르죠. 뭔가 남들에게 전하고 의견을 들어보고 싶은 생각이 날 때마다 포스팅을 하려고 합니다. 물론 그것을 좀 다듬어서 올려놓으려면 시간이 필요하기 때문에 즉각적으로 올리지는 못하죠.

• 블로그를 운영하는 데 보내는 시간과 노력, 블로그 운영을 위해 얼마나 많은 시간과 노력을 들이고 있는가?

=2003년부터 2005년까지는 블로그에 많은 시간을 투입했습니다. 그때는 특별히 어디에 투고할 곳도 없었는데 떠오르는 글은 많았고 써둔 글도 많았거든요. 그 글들을 누구에겐가 보여줄 수 있는 공간은 블로그 뿐이었습니다. 매일 2시간 정도는 아마 글을 썼을 겁니다. 쓴 글들은 거의 블로그에 올라갔고요. 하지만 이제는 그러지 않습니다. 일단 쓰고 싶어서 쓰는 글보다는 요청을 받아서 쓰는 글이 더 많고, 연구소 일도 있고 하니까 시간이 많지가 않고, 정말 쓰고 싶었던 것들은 이전에 다 써버린 것 같기도 하고요.

그래서 2006년 이후에는 주로 다른 곳에 요청을 받아서 쓴 글 중에서 그 투고처에서 특별히 온라인 사이트를 운영하지 않는(그래서 제가 쓴 글이 온라인에 올라와 있지 않은) 경우에는 블로그에 백업을 해 놓습니다. 투고한 곳과 일시를 마지막에 기록해 놓죠. 이렇게 하면 나중에 필요할 때 웹검색으로 제가 쓴 글을 쉽게 찾을 수 있습니다.

그 외에 블로그에 올리는 것들은 단상들입니다. 몇 줄 되지 않는 것들이고 웹서핑을 하다가 찾은 관련 자료를 링크하거나 직접 옮겨다 놓기도 하지요.

물론 요즘도 가끔은 블로그만을 위해서 장문의 글을 올리기도 합니다. 블로그 독자들이 늘어났는데 그 독자들에게 뭔가 보여줘야 한다는 의무감도 있고, 그래도 가끔은 정말 쓰고 싶은 주제가 떠오르곤 하니까요. 블로그에 써 놓은 글들은 언젠가는 책이나 다른 방식으로 활용할 수 있으리라 생각을 하기 때문에 저축하는 기분으로 글을 써놓곤 합니다.

• 블로그 운영의 좋은 점과 블로그 운영을 통한 자신의 변화, 블로그가 어떤 면에서 좋고 블로그를 통해 변화된 자신의 모습이 있다면?

=블로그는 나 자신의 생각을 정리하고 검증하기에 좋은 곳입니다. 글을 쓰는 것 자체가 자신의 생각을 객관적으로 확인하는 기능이 있는데 블로그를 통해서 남들의 평을 받으면 더욱 더 그 효과가 커지죠. 그리고 새로운 친구들을 사귈 수도 있습니다. 취미와 관심이 통하는 동료들을 알게 되죠. 저같이 면대면 소통을 어색해 하는 사람들에겐 매우 좋은 대안입니다.

그리고 변화는, 일단 블로그를 시작하기 전에는 웹에서 나를 아는 사람이 거의 없었지만, 지금은 그렇지 않습니다. 덕분에 여기저기서 투고요청도 들어오고 책 출판 제의도 받습니다. 좋은 결과죠.

• (본인이 생각하기에) 파워블로거가 되기 위해 갖춰야 할 조건, 파워블로거 혹은 탑블로거가 되기 위해서는 어떤 것이 필요한가?

=우선, 자기만의 콘텐츠가 있어야 합니다. 그것은 우선 자신을 잘 알아야 가능합니다. 블로그를 해 보면 내가 뭘 좋아하는지, 뭘 쓰고 싶은지, 뭐에 대해서 오랫동안 깊이 생각해 봤는지를 구체적으로 깨닫게 되죠. 어쨌든 남들도 다 하는 이야기가 아니라 나만이 할 수 있는 이야기가 뭔지를 찾아야 합니다. 그런데 이건 블로그를 하면서 서서히 발견하는 것이기도 합니다. 저도 포스팅에 따라서 제 생각에는 많은 반응을 얻을 거라 기대했는데 썰렁한 경우도 있고, 뜻밖의 열렬한 반응을 받는 포스팅도 있습니다. 즉, 내가 보는 내 글과 남들이 보는 내 글의 차이를 알게 되고 그 차이를 좁히거나 활용하면서

나만의 자리를 찾게 되는 거죠.

두 번째는 꾸준함이 필요합니다. 적어도 일주일에 3~4건 정도의 포스팅은 할 수 있어야 합니다. 그래야 정기적으로 찾아오는 독자들이 생기죠.

• 1인 미디어로서의 블로그의 가능성에 대한 자신의 견해, 블로그를 1인 미디어로 보는 견해가 있는데 이에 대한 자신의 생각은?

=블로그는 1인 미디어 맞습니다. 하지만 블로그 또한 커뮤니티에 의존합니다.

사실 블로그에서 하는 활동은 학자나 전문가들이 논문이나 칼럼으로 자신의 견해를 밝혀 왔던 것과 거의 같습니다. 단지 그 활동의 주체가 전문가들만의 것이 아니라는 차이가 있을 뿐이죠.

"페이스북이 좋아요" ○○○ 논설위원

○○○ 논설위원은 요즈음 페이스북에 푹 빠져 있다. 50세인 나이를 고려할 때 같은 연령대의 동년배들에 비해서 적극적인 뉴미디어 이용자층에 속한다. 미국 워싱턴 특파원 시절부터 페이스북을 이용하면서 페이스북의 매력에 빠졌다.

그는 페이스북의 장점으로 다른 사람이 올린 글에 대한 자신의 의견과 공감을 표시할 수 있어서 편리한 점을 꼽는다. 스마트폰으로 쉽게 페이스북을 이용할 수 있는 점도 그를 페이스북 마니아로 만들었다.

[인터뷰] 중앙일간지 OOO논설위원

• 언제부터 페이스북을 이용하기 시작했나?

=2007~2008년 미국 워싱턴 특파원 시절부터 사용하기 시작했다. 하지만 당시에는 국내친구들이 별로 이용하지 않아 자주 접속하지는 않았다. 2009년 여름 귀국 이후 2009년말 아이폰이 국내에 보급되면서 아이폰 페이스북 애플리케이션을 이용해서 사용했다. 1962년생 고등학교 동창 등 많은 친구들이 페이스북을 통해서 서로 연결이 되면서 올들어 부쩍 자주 이용하게 되었다.

• 페이스북을 통해 어떤 글을 올리나?

=친구들과 안부인사하거나 친구들과 함께 나누고 싶은 경치사진, 좋은 기사 사연 등을 주로 올린다. 간혹 개인의견도 올리지만 가능하면 페이스북 친구들에게도 도움이 될 만한 스토리를 전재한다. 특히 온라인 신문에서 곧바로 페이스북으로 연결할 수 있는 매체를 선호한다.

• 하루에 어느 정도 글을 올리나?

=한두 개 정도 올리는 편이다. 사진이 좋을 경우 2~3개 정도 올린다. 뉴스피드 담벼락 외에도 요즘은 주로 페이스북 그룹을 많이 만들어 그룹별로 많은 대화를 나누고 있다.

• 페이스북을 이용하면서 좋은 점은?

=페이스북은 다른 사람의 글이나 사진, 주장에 공감을 표시할 수 있고(like 기능), 댓글을 달 수 있어서 편리하다. 뿐만 아니라 공개하고 싶지 않은 내용은 쪽지 기능을 통해 소통하기도 한다.

• 페이스북의 문제점은?

=너무 많은 글을 올릴 경우 사생활은 물론 스스로의 경박한 생각도 여과 없이 노출시킴으로써 자칫 불필요한 문제를 일으킬 수도 있다.

"우리는 소셜미디어 가족" 대학생 ○○○

○○○은 여수가 고향으로 부모님과 떨어져 서울에서 객지생활을 하고 있다. 부녀는 소셜미디어 마니아다. 아버지가 트위터를 열심히 하게 된 데는 ○○○의 도움이 컸다. 어느 날 아버지에게 트위터에 대해 소개를 했고 아버지는 트위터 사용법을 알려주는 서적을 구입한 후 트위터를 열심히 하기 시작했다. 이제 아버지는 트위터를 통해 여수에서 지역봉사활동을 펼치고 새로운 사람을 사귀거나 만나는 등 열렬한 트위터 마니아가 됐다. 아버지의 팔로워수는 8,000명에 이를 정도다.

대학생 ○○○은 페이스북과 트위터를 동시에 이용한다. 예전에는 트위터를 많이 사용했지만 지금은 페이스북을 많이 쓴다. 트위터의 경우 많은 정보들이 빠르게 흘러가서 그 정보를 따라잡기가 쉽지 않지만 페이스북의 경우 비교적 정보양이 많지 않고 주변 사람들의 이야기가 많아 자연스럽게 지금은 페이스북을 더 많이 이용하고 있다고 한다.

그가 트위터를 처음 사용하기 시작한 때는 2010년 3월이고 그해 12월 페이스북을 이용하기 시작했다. 모바일 디바이스 장치에 관심이 많아 모바일 서비스에 관심을 가지게 되었다. 트위터를 처음 시작한 계기는 연합광고 동아리에 참여하면서부터다. 동아리 회원들이 트위터를 이용해 소통하다 보니 자연스럽게 트위터에 가입하게 됐다는 것이다. 현재 500명 가량의 팔로 워들이 있다. 하지만 팔로워수가 예상외로 많다 보니 너무 많은 이야기들이 트위터에 올라와 트위터를 잘 들여다보지 않게 됐다.

페이스북 친구는 대략 70여 명이다. 동아리 회원들이 많고 요즘은 고등학 교 친구들이 많아졌다.

트위터는 정보제공수단, 페이스북은 사교의 수단으로 활용하고 있다. IT 나 모바일에 관심이 많아 안철수 씨, 이찬진 씨와 같은 유명인들을 팔로워 했다. 이들을 팔로워하면 유용한 정보들을 많이 접할 수 있다. 관심분야인 모바일 디바이스 관련 10여 개 그룹에 가입해 활동을 했다. 그룹활동을 통 해 이야기도 많이 하고 많은 정보를 얻는다.

사람들과 교류하기 위해서는 트위터보다 페이스북을 많이 이용한다. 요 즘은 하루 평균 20분 이용하지만 예전에는 1시간 가량 소셜미디어를 이용 했다.

트위터의 좋은 점은 반응이 빠르다는 것이다. 어떤 정보를 요청했을 때 곧바로 피드백이 온다. 가령, 거가대교를 놀러간 적이 있는데 어느 지점에 서 교통 혼잡이 있는지 트위터에 올렸는데 즉각적으로 정보를 올려주는 댓 글이 달려 많이 놀랐다.

페이스북의 장점은 기록이 남는다는 것이다. 트위터의 경우 예전에 올린 정보를 찾기가 쉽지 않은데 페이스북은 자료보관이 용이하다. 즉 자기가 쓴 글이 담벼락에 저장돼 있기 때문에 쉽게 예전에 올린 글을 볼 수 있다. 또한 페이스북은 사용하기 편리하다는 이점이 있다. 페이스북에는 개인의 사소 한 일상을 올린다. 일주일에 두세 번 글을 올리는 편이다. 좋은 글이라든지 그때 그때 생각나는 것을 올린다. 하지만 글을 열심히 쓰기보다는 남들이 쓴 글에 댓글을 많이 단다.

페이스북을 이용할 때 다소 염려되는 점은 개인의 정보나 고민을 남이 알 수 있다는 것이다. 동아리활동을 할 때 남자친구를 몰래 사귄 적이 있는데 남자친구의 글에 댓글을 달 수 없었다. 동아리 모임 공지는 주로 카카오톡을 사용한다. 대학생들이 페이스북을 자주 하는 이유에 대해 그는 다음과 같이 말했다.

처음에는 호기심인 것 같다. 제 생각은 소셜미디어가 인간관계의 폭을 넓혀 준 것 같다. 어쨌든 온라인을 통해 많은 사람을 알게 된 것은 사실이다. 트위터의 경우 상대방의 허락 없이도 상대방과 소통할 수 있는 장점이 있다. 스마트폰의 도입도 소셜미디어의 확산에 영향을 미쳤다. 소셜미디어를 이용하기 위해 스마트폰을 산 것이 아니라 스마트폰을 샀기 때문에 소셜미디어를 이용하는 경우가 많은 것 같다.

"카카오톡이 좋아요" 연구인턴 ○○○

○○○는 정부출연연구기관 연구인턴으로 생활하고 있다. 그는 카카오톡 마니아다. 2010년 스마트폰을 구입하면서 카카오톡을 이용하게 되었다. 스마트폰을 사용하는 주변 사람들에게 추천을 받아 자연스럽게 사용하게 되었다. 친구들과 꾸준히 카카오톡을 하고 있으며 하루에도 수십 번 문자처럼 주고받는다.

현재 카카오톡 친구들은 100명 안팎이며, 약속이 있는 친구들과 멀티채팅을 하면서 약속시간을 조정하거나 장소를 잡고, 영화나 기프트콘, 화제가 되고 있는 동영상 등 정보제공을 공유하기 위해 주로 카카오톡을 이용한다. 그는 카카오톡을 이용하면서 좋은 점을 다음과 같이 말했다.

소셜미디어가 세상을 바꾼다

문자비용을 절감할 수 있는 혜택이 있어서 좋고, 무료로 문자기능, 사진과 동영상을 자유롭게 공유할 수 있으며 수신확인도 가능하다. 누구나 쉽게 이용할 수 있고 휴대가 용이하여 장소를 불문하고 편리하게 이용할 수 있다.

카카오톡을 이용하면서 불편한 점은 모르는 이용자가 등록될 수 있어 사생활침해를 받을 수 있으며 신상정보에 대한 파악이 빠르기 때문에 개인의 정보가 악용될 수 있다는 것이다. 차단기능이 있으나 상대방은 나의 정보를 쉽게 확인할 수 있기 때문에 완벽한 삭제기능이 추가되길 희망하였다.

국내 토종 소셜미디어인 카카오톡이 트위터나 페이스북과 다른 점에 대해 그는 다음과 같이 말했다.

일단 전세계적으로 사용할 수 있는 공통점이 있다는 것에 반해 카카오톡은 멀티문자서비스라는 개념이 있다. 최근 소셜네트워크에 대한 관심이 높아지면서 트위터나 페이스북에 참여하는 사람이 증가하고 있는데 트위터는 세계적인 개인 블로그 형태라고 볼 수 있고 페이스북은 자신의 접속만으로 커뮤니케이션을 할 수 있는 소셜네트워킹 형태이다.

트위터나 페이스북은 온라인에서 자유롭게 사용할 수 있지만 카카오톡은 스마트폰에서만 사용해야 하는 불편함이 있다.

 고등학생 때부터 친구들과 사진을 공유하고 친목도모를 하기 위해 싸이월드 미니홈피를 이용해 왔는데, 작년부터 주로 사용하는 소셜미디어가 페이스북으로 바뀌었다.

 사진을 올리고 간단하게 소식을 전하는 것은 미니홈피와 다를 것이 없어서 페이스북 계정을 만드는 것이 귀찮았지만, 주변 친구들이 하나둘 미니홈피를 이용하지 않아서 어쩔 수 없이 따라가게 되었다.

 스마트폰을 사용하기 전에는 컴퓨터만으로 페이스북을 이용하기에 어려움이 있었다. 미니홈피에는 없는 기능인 '좋아요'나 '공유하기', '담벼락'의 사용법이 익숙하지 않았기 때문이다. 그러나 스마트폰을 사용하게 되자 미니홈피와는 다른 페이스북의 장점을 알게 되면서 매일같이 이용하게 되었다.

 우선 페이스북을 이용하는 데에 있어 가장 편리한 점은 스마트폰으로 찍은 사진을 내 계정에 바로 게시할 수 있다는 점이다. 이전에 미니홈피를 이용할 때에는 컴퓨터와 USB케이블이 없으면 사진을 게시할 수 없었다.

 페이스북은 스마트폰 외에 다른 준비물이 필요하지 않고, 또 사진 한 장을 게시하는 데 걸리는 시간은 약 10초밖에 들지 않는다. 게다가 사진을 찍을 때 함께 있던 사람을 태그할 수도 있고, 해당 장소에 대한 위치도 지도를 통해 간편하게 첨부할 수 있다. 미니홈피처럼 사진에 대한 설명을 늘어놓지 않아도 보다 더 자세한 정보를 담을 수 있어 편리하다.

 페이스북을 이용하면서 찾은 또 다른 재미는 여러 기업들의 마케팅 전략이 집중되어 다양한 이벤트에 참여할 수 있다는 점이다. 미니홈피를 이용하던 시절에도 기업에서 만든 미니홈피를 본 적이 있지만, 대부분 신문이나 잡지에서 볼 수 있는 지면광고를 웹페이지에 게시한 느낌의 제품홍보에 그쳤다.

페이스북에서는 '좋아요' 나 '공유하기' 를 누르는 것처럼 간단한 방법으로 기업의 이벤트에 참여해 할인혜택이나 상품을 받을 수 있기 때문에 자주 이용하고 있다.

한 가지 불편한 점은 페이스북의 경우 내 휴대전화번호를 알고 있으면 친하지 않은 상대방일지라도 나에게 손쉽게 친구신청을 할 수 있다는 것이다. 미니홈피에서는 나를 검색하지 못하도록 설정하는 기능이 있어서, 일촌을 맺고 싶지 않은 사람을 피할 수 있었다.

페이스북은 스마트폰을 이용하여 친구 찾기를 누르면 전화번호를 통해 내 계정이 노출되기 때문에, 얼굴은 알지만 페친은 맺고 싶지 않은 어중간한 사람들이 친구 신청을 하는 경우가 있다. 이런 경우는 거절하고 싶어도 나중에 마주쳤을 때 불편하기 때문에 할 수 없이 친구 신청을 수락한다.

고등학생 ○○○ "여전히 싸이월드 이용해요"

고등학교 2학년에 재학중인 ○○○양은 싸이월드를 즐겨 이용한다. 초등학교 6학년 때쯤 친구들이 하는 것을 보고 따라하게 되었다. 주변에 하는 사람이 많다 보니 그 유행에 휩쓸려 하게 되었다. 처음에는 어떻게 하는지 모르고 난감했지만 요즈음은 싸이월드를 통해 오랫동안 연락하지 못한 친구들과도 연락을 하고, 서로의 근황을 알아보는 용도로 사용하고 있다. 사진도 올리고 다이어리도 쓰면서 친구들의 근황을 쉽게 접할 수 있다. 계속하다 보니 미니홈피와 미니미를 꾸미는 것이 나의 개성을 보여주는 것이 되기도 한다.

그녀는 싸이월드를 통해 추구하고 싶은 것에 대해 다음과 같이 말한다.

미니홈피에는 여러 가지 기능이 있다. 다이어리를 쓰면 과거의 기억을 회상할 수 있고, 방명록을 쓰면 친구들과 어떤 얘기를 주고받았는지 기억할 수 있고, 사진을 올리면 언제 누구랑 같이 있었는지도 알 수 있다. 이렇듯 미니홈피는 당장 현재의 일을 기록하고 알아볼 수도 있지만 과거 일을 돌아볼 수도 있는 곳이다. 그리고 친구들과 함께 공동 다이어리도 쓸 수 있어서 그 재미는 배가된다. 예전에 누구랑 무슨 얘기를 나누었는지가 궁금하면 미니홈피에서 찾아보면 된다. 한 마디로 미니홈피는 나의 오래된 일기장, 앨범과 같은 존재이다. 가끔씩 들춰보면 정말 재밌고 과거 기억이 되살아나기 때문이다.

싸이월드를 통해 전달하려고 하는 내용들은 근황이다. 주로 다이어리를 애용하는 데 그 날의 기분이나 있었던 일 등 여러 가지를 쓴다. 멀리 살고 다른 학교에 다녀 친구들의 얼굴을 잘 보지 못할 때 사진을 올리는 등의 방법으로 간접적으로나마 서로의 얼굴을 보고 안부 인사를 하는 경우도 많다.

○○○는 하루에 조금 조금씩 시간이 날 때마다 싸이월드에 접속한다. 아직 학생이라서 오랜 시간을 투자하지는 못한다. 틈틈이 좋은 글귀나 정보, 노랫말 등을 알게 되면 시간 날 때 들어가서 다이어리에 하나씩 올려놓고 나온다. 친구들과 그것에 대해 이야기하기도 하고, 서로 스크랩해 가면서 퍼가기도 한다. 물론 불펌을 해 가는 경우 화가 나기도 하지만 말이다.

때로는 친구들 미니홈피에서 재밌는 사진이나 글을 보면 퍼오기도 한다. 미니홈피에 BGM을 깔아서 음악적인 취향도 공유한다. 가끔 도토리를 충전해서 하기도 한다. 잘 알려져 있듯이, 도토리는 싸이월드 내에서 현금을 충전하여 미니홈피를 꾸미는 데 사용하는 온라인 캐쉬다. 친구들 생일일 경우 도토리를 이용하여 선물을 보내준다던가 다이어리에 장문의 글을 쓰는 등의 일도 한다. 공부하는 데 꼭 도움이 되는 것은 아니지만 그래도 친구들과의 인간관계를 다지는 데에는 이와 같이 좋은 사이트는 없는 것 같다.

○○○는 싸이월드를 통해 변한 자신의 모습을 다음과 같이 말했다.

> 말을 어떻게 해야 상대가 상처를 받지 않고 피해를 안 줄지를 한 번 더 생각하게 된다. 내가 어떤 것을 좋아하고 싫어하는지도 알게 되고, 친구들과의 관계에 대해서도 생각하게 된다. 내가 잘 행동하고 있는 것인지 아니면 뭔가 문제가 있는지를 금방 알 수 있다. 친구들의 일에도 관심이 많아졌다. 내가 관련되지 않으면 신경 쓰지 않았던 예전과는 달리 지금은 친구들의 소식을 접하면 내 일처럼 공감을 하게 된다.
>
> 연락이 드물던 친구들과도 다시 연락을 하고 이야기하면서 더 친해지고 있다. 간접적으로 만나는 것이지만 그렇게라도 만나는 것이 다행이라고 생각한다. 그렇지 않으면 실제로 만났을 때 더 어색할 수 있을 것 같다는 생각이 들기 때문이다. 미니홈피를 운영하면서 좀 더 개방적으로 바뀐 것 같고, 사교성도 좋아졌다. 그런 면에서는 좋은 것 같다.

"블로그가 좋아요" 고등학생 ○○○

고등학생인 ○○○양은 블로그를 즐겨 사용한다. 그녀가 처음 블로그를 시작하게 된 건 중학교 2학년 때이다. 그 당시엔 컴퓨터를 할 시간도 많았고 친구들 사이에서도 자신의 일기를 컴퓨터에 올려서 남들도 볼 수 있도록 하는 것이 유행처럼 되었었다. 꼭 일기가 아니더라도 남과 공유하고 싶은 사진이나 글들을 올리고 그것에 대해 댓글로 의견이 달리고 하는 것에 조금씩 재미를 느꼈던 것 같다.

공식적인 사이트에서 하는 블로그처럼 낯선 사람들과의 교류보다는 이미 알던 사람들과의 교류가 더 많고 쉬웠던 점도 있다. 지금 현재(고등학교 3학년)는 계속 블로그를 운영하는 건 여러모로 조금 지장이 있겠다 싶어 활동을 접다시피 한 상태다. 단지 가끔 들러서 사람들이 남긴 댓글이나 새 글을 확인만 하고 있다.

그녀가 블로그를 통해 추구하고 싶은 것은 다음과 같다.

> 블로그를 통해 추구하고 싶은 것은 일단 사람들과의 관계이다. 연락을 자주 하지 못하는 사람들과 우연히 연락이 되는 경우도 있고, 직접 얼굴을 맞댄 상태에서는 속을 도무지 모르겠는 사람들도 자신의 블로그 같은 곳에는 심경을 내비치는 편이라 남을 이해하기 한결 편한 것 같다.
>
> 남들의 의견을 쉽게 알 수 있기 때문에 남들과의 소통을 통해서 내 자신의 생각을 좀 더 발전시킬 수 있는 것 같다. 한결 자유로운 상태에서 자신의 의견을 내세우기 때문에 남들과는 다른 자신만의 의견을 낼 수 있고, 사람들은 전혀 생각지 못 했던 부분의 것을 얻을 수 있다.

블로그를 통해 네티즌들에게 전달하고 싶은 내용은 주로 자신의 의견이나 상황이다. 그녀는 자신의 의견을 썼을 때 댓글로 그것에 대한 의견이 달리는 것이 너무 좋다고 한다. 또 자신이 다녀온 곳이나 마음에 들어 한 무언가에 대해 사진을 올리거나 추천을 했을 경우 그곳을 다녀와 보거나 직접 그것을 해 보고 좋다고 말해 주는 경우도 그녀를 기분 좋게 하는 요소이다.

중학교 때는 숙제나 학원, 학교를 제외한 모든 시간을 블로그 운영에 쏟아 부었다고 해도 것도 과언이 아닌 것 같다. 그때는 시간이 많아서 여기저기 돌아다니기도 쉬웠고 갔던 곳 중 마음에 드는 곳은 블로그에 추천을 하거나 자랑을 하고 싶었다. 또 자신이 간 곳 등을 이렇게 모아서 올려놓으니까 자신도 모르는 사이 갔던 곳을 다시 한 번 정리하고 되새기고 있었다. 그

때는 정말로 친구들에게 이 정보 저 정보 유익한 정보들을 알리고 싶어서 다른 블로그도 많이 가 보고 검색도 직접 해 보았었다.

고등학생이 되고 나서부터는 쉬운 일이 아닌 것 같다. 가끔씩 들러서 점 검하는 차원으로 보기는 하지만 예전처럼 활동하기에는 제약이 많다. 그렇 다고 해서 블로그에 관한 흥미가 떨어진 것이 아니기 때문에 대학생이 되면 중학생 때보다 훨씬 활발하고 유익한 활동을 할 수 있을 것이라고 생각한 다.

그녀가 블로그 운영을 하면서 변한 점이 있다면 주위의 모든 것에 관심을 기울이게 되었다는 것이다. 그녀의 가족은 여행을 참 많이 다니는 편이다. 부모님이 여행을 좋아하는 것도 있지만 자녀들에게 이것저것 경험시켜 주 고 보여주기 위해 다니는 여행이 주로 많다. 초등학교 때까지 늘 차를 타고 가다가 내리라고 하면 내려서 대충 눈으로 구경만 하고 몇 년 뒤엔 그곳에 대해 잊는 일이 다수였다.

블로그 운영을 하기 시작하면서 "아, 이건 올려도 괜찮겠다"고 생각하니 이런 것을 보면 관심을 가지고 평소보다도 유심하게 보았다. 그러다 보니 스스로 도움이 되는 점도 많았다. 또 그런 자료를 블로그에 올리다 보니 기 억이 안 나는 것도 블로그를 훑어보다 보면 다시 기억이 나고 그랬다. 그런 점에서 블로그는 여러모로 유용한 것 같다. 솔직히 여행 일지처럼 혼자 공 책 같은 곳에 쓰면 힘들기도 하고 남들과의 소통이 없어서 며칠 안 가 그만 두게 될 것 같은데 블로그는 올리기도 편하고 남들과의 소통이 되니까 계속 지속적으로 하게 되었다.

지난해(2011) 크리스마스 이브인 24일 오후 3시 서울 여의도 광장에서는 대규모 미팅행사 '솔로대첩'이 진행되었다. '솔로대첩'은 남녀가 마음에 드는 이성을 직접 선택하는 일종의 야외미팅. 남녀가 지정된 장소에서 대치하듯 서 있다가 신호가 떨어지면 달려가 맘에 드는 짝의 손을 잡는 방식이다. 미팅 의사가 있는 남성은 흰 옷, 여성은 빨간 옷을 입어야 하며, 여성은 남성의 제안을 거부할 수 있지만 남성은 여성의 제안을 거절할 수 없다.

이 행사는 성추행 등 부작용을 빚을 수 있다는 우려가 제기되기도 했다. 일부 여성들에게 이른바 '엉만튀'(엉덩이 만지고 튀기) '가만튀(가슴 만지고 튀기)' 등 성추행을 계획한 남성들이 많다는 것이다. 인터넷상에는 "소심해 보이는 여성의 특정부위를 만지고 도망가려는 참가자가 있다" "힘으로 제압한 뒤 인근 모텔로 가기 위한 행사" "주최측도 불분명하고 안전대책도 없어 당하면 본인만 손해"라는 내용의 게시물이 올라왔다.

지난해(2011) 11월 3일 한 네티즌이 자신의 페이스북에 아이디어를 올린 이후 인터넷에서 화제가 되면서 대형행사로 확대 추진된 것이다. 이 행사는 일부 유명 연예인까지 참여의사를 밝혀 큰 반향을 불러 일으켰고 기업 10곳이 후원의사를 나타내기도 했다. 이 행사는 국내 언론뿐 아니라 미국 중국 스웨덴 등 외신에서도 관심을 가졌다.

행사 전날인 23일 정오 기준 전국 14곳에 진행될 솔로대첩의 주최측 페이스북 님연시(님이 연애를 시작하셨습니다)에 참가 신청한 인원은 2만4100명을 넘어섰다. 경찰은 솔로대첩 행사장 주변에 경찰력을 배치해 범죄의지를 사전 차단하기로 했다. 신고접수시 신속출동을 위해 순찰차도 인근에 분산 배치하기로 했다. SNS에는 100여 명의 자경단원들이 위치할 지점까지 상세히 그린 지도가 올라왔다.

SNS는 과연 소통과 공유를 위한 광장일까. 패잔병만 양산한 솔로대첩은

별 전과를 올리지 못하고 실망대첩으로 막을 내렸다. 인터넷 SNS라는 사적 공간에서 출발한 아이디어가 열린 광장에서 짝을 찾지 못했다. 눈빛과 몸짓을 주고받는 은밀한 교감을 통해 이뤄지는 인간 본성의 짝짓기가 공적인 광장과 어울리지 못한 것이다.

5장

나꼼수 열풍

5

나꼼수 열풍

지난해(2011) 10월 26일 서울시장 보궐선거 때 사상 처음으로 시민운동가가 서울시장에 당선되는 역사가 만들어졌다. 이러한 역사적 사건의 배경을 둘러싸고 여러 가지 논의가 있었지만 박원순 후보가 서울시장에 당선된 일등공신은 누가 뭐라고 해도 '나는 꼼수다' 열풍이다.

이 인터넷 라디오방송은 소셜미디어인 팟캐스트(Podcast)를 통해 빠르게 확산되면서 주류미디어의 편향된 보도에 싫증난 국민들의 가슴을 파고들었다. 특히 나경원 후보가 연 회비 1억 원이나 되는 강남의 한 피부과를 다녔다는 의혹을 제기해 선거막판에 투표에 결정적 영향을 미치면서 세간의 주목을 끌기도 했다.

팟캐스트란?

아이팟과 브로드캐스팅의 합성어로 이용자들에게 오디오, 비디오파일 형태로 뉴스나 드라마 등 다양한 콘텐츠를 제공하는 것을 말한다. 아이폰이나 아이패드 등에서 쉽게 접근이 가능하다. 방송시간에 맞춰 프로그램을 듣는 것이 아니라 자동으로 업데이트되는 프로그램을 아무 때나 원하는 곳에서 들을 수 있는 장점이 있다.

'나는 꼼수다'는 딴지일보에서 제공하는 팟캐스트로 딴지일보 김어준 총수, 김용민 시사평론가, 주진우 시사인 기자 등이 이끌어가고 있으며 정치인이나 연예인 등 다양한 게스트들이 이 방송에 출연하고 있다.

국민참여당 유시민 대표의 〈나꼼수〉 출연 장면

출처 : 국민참여당 홈페이지

2011년 4월 27일 시작된 이 방송은 2012년 12월 18일 33회를 끝으로 막을 내렸다. 반값등록금 문제나 곽노현 사건 등 시사적인 내용을 다루면서 현 정부를 풍자하거나 비방하는 내용이 방송의 주류를 이루고 있다.

〈표〉 '나는 꼼수다' 방송 개요

방 송 시 간	매주 금요일 오전
방 송 분 량	60분~200분
방 송 기 간	2011년 4월 27일~2012년 12월 18일
방 송 횟 수	33회
방 송 사	딴지일보
방 송 채 널	유무선 인터넷망

〈나는 꼼수다〉 방송 정보

2011년 4월 27일 첫 방송을 시작했다. 매주 목요일 오전 공동체 라디오방송 마포 FM의 스튜디오에서 녹음을 한다. 팟캐스트는 보통 목요일 밤에 업로드하는 것을 원칙으로 하되, 특집 등의 사정으로 편집이 늦어질 경우 토요일 아침까지 업로드를 하고 있다. 이명박 대통령의 임기가 끝나는 2013년 2월까지 방송 예정이다. 2011년 8월 22일 호외 편으로 아이튠즈 세계 팟캐스트 에피소드 1위를 차지하는 등 단기간에 큰 인기를 끌었다.

제작비는 1회 제작시 스튜디오 임대비용 5만원(야간 8만원)과 식사비 3만 6천 원이다. '나는 꼼수다 뒷담화' 판매 수익금 전액은 나는 꼼수다 제작과 서버 비용에 사용된다. 나는 꼼수다 토크 콘서트(전국 일주), 나는 꼼수다 티셔츠, 후드티 판매 수익금도 나는 꼼수다 서버 비용에 사용된다. 팟캐스트 운영하는 데 드는 서버 비용은 깎아주고도 한 달에 2800만원이 든다. 다운로드 방식으로 청취하면 그나마 괜찮으나 스트리밍으로 실시간 듣기 방식으로 청취하면 서버 부담이 매우 늘어난다. 서버 부담이 늘어나면 늘어날수록 재정 문제도 심각해진다. 그리고 일각에서 자발적 유료화 모델이 필요하다는 목소리도 나오고 있다. 일부 청취자들은 나는 꼼수다의 서버 부담을 줄여주기 위해 자발적으로 자체 서버를 운영해 서비스를 제공하거나 토렌트 파일 공유 또는 외국 P2P 사이트 공유로 다운로드하여 청취하고 있다.

〈위키백과 참조〉

〈나꼼수〉가 인기가 있는 이유는 이용자들이 이 방송을 통해 일종의 대리 만족을 얻고 있기 때문이다. 답답한 정치현실과 어려운 경제여건에 지친 사람들의 스트레스를 해소해 주면서 즐거움과 위안을 안겨주고 있는 것이다. 〈나꼼수〉는 또한 정치에 관심이 없던 20대, 30대들의 호응을 이끌어내고 있고 이들의 정치참여를 활성화시키고 있다.

[인터뷰] 〈나는 꼼수다〉 청취자

• 〈나는 꼼수다〉를 듣게 된 시기 및 배경은?
=9월경 직장동료에게 들어보라는 권유를 받고 듣게 되었어요.

• 〈나는 꼼수다〉를 어떤 채널을 통해 듣고 있으며 현재까지 몇 회나 시청했나?
=인터넷을 통해 검색해 보고 인터넷상으로 MP3 파일을 다운로드받아서 들었구요. 지금까지 27회까지 방송된 것으로 알고 있는데 1회부터 십 몇회까지는 몰아서 듣고 매주 꼬박 꼬박 나올 때마다 다 들었어요.

• 〈나는 꼼수다〉의 매력은?

=우리 같은 보통사람이 별도로 찾아보거나 하지 않고 그냥 흘려 버린 정치적 이슈들에 대하여 내용을 정리해 주고 그 이슈가 우리에게 어떤 영향을 미칠 수 있는지, 어떤 의미가 되는 것인지에 대하여 쉽게 정리해 주는 점이 계속 듣고 있는 이유입니다. 그 형식이 가벼운 예능 프로그램처럼 웃을 수 있는 방송이어서 재미있었어요.

• 〈나는 꼼수다〉를 듣고 난 후의 느낌은?

=아 그런 사실을 어떤 사람들은 그렇게 받아들일 수 있구나 하는 느낌이죠. 방송에서 하는 내용을 다 믿지는 않고요. 그런 일이 있었구나, 그런 생각도 할 수 있겠다, 하는 정도로 가볍게 받아들여요. 제가 못해 본 생각에 대해서는 따로 조금 더 생각하거나 인터넷 등에서 사실관계를 확인해 본 적도 있고요. 들을 때는 재밌게 듣고 들은 이야기는 선별적으로 받아들입니다.

• 최근 〈나는 꼼수다〉가 열풍이다. 그 원인은 무엇이라고 생각하나?

=일단 기존 방송과의 차별성 때문이겠죠. 그 이전의 시사프로그램은 뭔가 근엄하고 딱딱한 데 반해서 이 프로그램은 욕도 하고 비속어도 쓰고 조롱도 하고 공중파 방송에서는 따라할 수 없는 방식이잖아요.

둘째는 전직 국회의원도 나오고 ,국가의 의사 결정에 영향을 미칠 수 있는 영향력을 가진(혹은 가질 수 있는) 인물들이 초대 손님으로 나와서 사사로운 신변 이야기부터 국사에 이르는 내용까지 우리가 쉽게 접할 수 없는 정보를 얻을 수 있게 한다는 점이 흥미를 끄는 점 같고요.

마지막으로 방송을 진행하는 진행자 각각의 캐릭터가 가지고 있는 개성과 매력도 나꼼수 열풍의 무시할 수 없는 요인이라고 생각합니다.

다만 각하 헌정방송이라는 태생적 한계로 인해 그 열풍이 금방 식지 않을까 하는 생각도 들어요. 비유해서 말하면 나꼼수는 정치라는 생물을 청취자가 쉽게 먹을 수 있게 요리를 만들어 주는데 양념맛(정치적, 이념적 편파성, 인격모독에 가까운 논리적 비약)이 강해서 처음에는 맛있다가도 얼마 지나

지 않아 금방 물리는 요리를 만드는 것이 아닌가 하는 생각이 듭니다. 재미 있게 듣다가 요즘에는 조금 질렸어요.

• 직업과 연령, 성별은?
=회사원 39세 남자입니다.

여론조사기관인 리얼미터가 전국 19세 이상 남녀 750명을 대상으로 전화 조사해 〈나꼼수〉 인지도를 조사한 결과, 응답자의 15.4%가 이 방송을 들어 본 적이 있고 이에 대해 잘 알고 있다고 응답했고 44.0%는 방송은 들어본 적이 없지만 〈나꼼수〉에 대해 알고 있다는 반응을 보였다. 응답자의 60% 가 량은 〈나꼼수〉에 대해 어느 정도 인지하고 있다는 것이다.

송인덕(2012)은 19대 국회의원 선거를 앞둔 2012년 3월 21일부터 30일까지 대학생 733명을 대상으로 〈나는 꼼수다〉 관련 설문조사를 실시하였다. 먼저, 〈나꼼수〉를 가끔씩이라도 이용하는 학생들은 30% 가량이었고 전혀 이용하지 않는 비율은 거의 70%에 달했다. 즉 대학생 10명 중 3명 가량은 〈나꼼수〉를 이 용해 본 적이 있는 것이다. 여학생보다는 남학생들이 연령이 증가할수록 정치 적 성향이 진보적일수록 〈나꼼수〉 이용 정도는 높아지는 것으로 나타났다. 또 한 〈나꼼수〉를 많이 볼수록 정치지식, 정치효능감, 정치참여는 높아지는 것으 로 나타났다. 또한 〈나꼼수〉를 많이 시청하는 학생들이 총선 및 대선에 대한 관 심도 높았고 투표의향도 그만큼 높은 것으로 분석됐다. 결론적으로, 〈나꼼수〉 는 대학생들의 정치사회화 과정에 중요한 역할을 수행하고 있다.

출처 : 송인덕(2012). 〈나는 꼼수다〉 이용이 대학생들의 정치지식, 정치효능감, 정치참여에 미치 는 영향. 『정치커뮤니케이션연구』 27호.

〈나꼼수〉를 즐겨 듣는 연령대는 30대가 가장 많았고 20대, 40대 순이었다. 즉 이 방송은 20대와 30대에게 인기를 끌고 있음을 알 수 있다. 민주당 지지층의 경우 20.7%가 청취경험이 있는 반면 새누리당 지지층의 경우 이 방송을 들어본 사람은 7.4%에 불과했다.

〈나꼼수〉가 여론에 미치는 영향도 지대하다. 앞서 언급한 것처럼, 〈나꼼수〉가 제기한 나경원 후보의 '1억 원 피부과 의혹'은 선거 막판에 유권자들의 마음을 돌리는 데 결정적인 영향을 미쳤다고 해도 과언이 아니다.

〈나꼼수〉의 성공 요인

〈나꼼수〉가 우리 사회에 많은 파장을 불러온 데는 여러 요인이 있을 수 있다. 우선, 내용적인 측면에서 보면 〈나꼼수〉는 제도권 언론이 담아내거나 보도하지 못한 우리 사회의 문제를 과감히 건드렸다는 것이다. 즉 BBK문제, 반값등록금문제, 저축은행비리문제 등 우리 사회의 주요 이슈들을 적나라하게 비판하고 풍자하고 있다.

전국언론노동조합은 제21회 민주언론상 본상에 〈나꼼수〉를 선정하면서 "정권의 부도덕성을 폭로하고 거침없는 독설과 재미로 주류 언론이 권력감시 등 제 기능을 다하지 못하고 있는 상황에서 대안언론으로 훌륭한 역할을 했다"고 선정 이유를 밝히기도 했다. 이처럼 무엇보다도 현 정부와 주류언론에 대한 불신이 〈나꼼수〉 열풍의 원인이다.

실제로 젊은 세대들은 높은 대학등록금과 실업률, 집값 등으로 어려운 삶을 살고 있다. 이러한 상황에도 불구하고 문제해결의 기미가 보이질 않으니 젊은이들의 정치에 대한 불신은 높아질 수밖에 없다. 결국 우리 사회의 젊은층은 〈나꼼수〉가 풍자한 정치현실을 보면서 카타르시스를 경험하고 있는 것이다.

커뮤니케이션적인 측면에서 보면 〈나꼼수〉는 소셜미디어인 팟캐스트를 잘 활용해 수용자들에게 쉽게 다가갔다. 스마트폰이 일상화 된 요즈음 아이폰을 가지고 있는 사람이라면 누구나 팟캐스트를 자유롭게 이용할 수 있다. 따라서 모바일 매체인 아이폰을 이용하면 언제 어디서든지 방송을 들을 수 있다.

〈나꼼수〉는 스마트폰이 대중화되고 소셜미디어가 활성화 되는 시대적 흐름을 잘 읽고 시대적 추세에 발맞춰 방송을 했기 때문에 성공했다고 볼 수 있다. 또 하나 〈나꼼수〉의 열풍요인은 온라인과 오프라인을 동시에 활용하고 있다는 것이다. 〈나꼼수〉는 온라인방송에만 국한하지 않고 지역을 순회하면서 〈나꼼수〉 콘서트도 개최하고 있다. 즉 기존의 인터넷방송들이 온라인에만 국한돼 활동을 했다면 〈나꼼수〉는 온라인과 오프라인을 넘나들며 이용자들과의 소통을 강화하고 있는 것이다.

〈나꼼수〉 대전 콘서트 후기

정말 많은 분들이 오신 것 같아요. 토크내용은 나꼼수에 대한 이야기도 꽤 나왔고 민주당 당직자 분께서는 엄펜션 뒷얘기에 대하여 현장감 있게 이야기해 주셨어요. 그밖에도 공연 중간 중간에 나꼼수 4인방 애드립이 빵빵 터져서 아주 즐거웠습니다. 특히 정봉주 의원님 입담, 진짜 끝내주셨습니다. 아무튼 나꼼수 공연은 웬만한 다른 공연보다 훨씬 재미있었다는 말밖에 못하겠네요! ㅋㅋ

출처 : blog.naver.com/sodeeplee/60147805982

우리 사회에는 일종의 '쏠림' 현상이 있다. 〈나꼼수〉에 대한 열기도 시간이 지나면 언젠가는 가라앉을 것으로 보인다. 하지만 〈나꼼수〉가 인기를 끌 수밖에 없는 시대적 상황과 배경에 대해 냉정히 성찰해 봐야 한다.

이날 아침부터 초겨울을 재촉하는 비가 내렸다. 저녁이 되자 비는 가늘어 졌고 바람이 불면서 날씨는 갑자기 추워졌다. 여의나루역에 내려 10분여를 걸어 여의도공원에 도착했다.

이 추운 날씨에 얼마나 사람이 모일까 걱정했지만 현장에 도착하니 정말로 발 디딜 틈이 없을 정도로 인산인해를 이뤘다. 〈나꼼수〉에 대한 인기를 실 감할 수 있었다. 한 여학생은 〈나꼼수〉 공연을 보기 위해 구미에서 고속버스를 타고 혼자 올라왔다고 말해 박수를 받기도 했다.

저녁시간이어서 식사를 못한 직장인들은 통닭이나 김밥을 가지고 와 벤치에 앉아 먹으면서 이야기를 나누는 모습도 간혹 눈에 띄었다. 새로운 정치, 새로운 시대에 대한 열망이 현장 곳곳에서 느껴졌다. 흥미로운 것은 참가한 사람들의 연령대가 다양하다는 것이다. 가족과 함께 현장을 찾은 사람들도 많이 보였다.

다음은 직장인(20대, 남)과 대학생과 어머니, 이들이 전하는 〈나꼼수〉의 매력이다.

직장인(20대, 남)

도서편집디자인을 하고 있는 이 직장인은 콘서트 공연참가가 이번이 처음이었다. 직장이 근처다 보니 나오게 됐다고 한다. 그는 인터넷이나 언론에서 〈나꼼수〉가 많이 기사화돼 〈나꼼수〉를 처음 알게 됐다고 말했다. 한 번 들어보자고 생각하고 있다가 1회를 맛보기로 듣게 됐는데 그때부터 줄곧 방송을 듣게 됐다. 지금까지 30회 방송이 진행됐는데 모두 다 들었다. 아이폰을 가지고 있어 팟캐스트를 이용해 쉽게 방송을 듣고 있다.

그가 전하는 나꼼수의 매력은 남들이 하지 못하는 말을 속시원하게 해 준다는 것이다. 그 말이 진실인지 아닌지는 잘 모르겠지만 기존 언론보도에 파묻혀진 진실을 속시원하게 말해 주고 있다.

〈나꼼수〉를 듣게 되면서 정치에 대한 관심을 많이 가지게 되었다고 한다. 방송을 듣기 전에는 정치에 대해 그다지 관심이 많지 않았다. 방송을 듣고 난 후에는 방송에 나왔던 내용을 친구들과 많이 이야기하는 편이다. 〈나꼼수〉 덕에 몰랐던 사실을 알게 되는 것도 방송의 매력이다. 〈나꼼수〉에 언급된 내용을 좀 더 알기 위해 기존에 나왔던 기사를 한 번 찾아보고 훑어보게 된다. 정치이야기를 쉽게 풀어 전달하게 공중파에서는 하지 못하는 말을 속시원하게 해 주는 것이 〈나꼼수〉의 매력인 셈이다.

〈나꼼수〉가 우리 사회에 미친 영향에 관해 그는 젊은 층의 정치에 대한 관심이 높아졌다는 점을 강조한다. 〈나꼼수〉 때문에 젊은 사람들에게 무겁게 느껴졌던 정치가 쉽고 가벼운 것으로 다가오고 있다는 것이다. 또한 젊은이들이 정치에 적극적으로 참여해야 되겠다는 생각을 갖도록 만들었다.

지금까지 들은 〈나꼼수〉 방송 중 가장 기억에 남는 장면을 질문한 결과, 오세훈 전 시장의 무상급식 문제를 언급한 게 기억난다고 한다.

〈나꼼수〉에 나온 이야기를 지금도 100% 완전히 신뢰하는 게 아니지만 그래도 그냥 재미있고 확실한 근거를 갖고 있는 이야기를 많이 하는 것 같다고 한다.

그는 〈나꼼수〉가 2012년 총선과 대선에 상당히 많은 영향을 미칠 것이라 본다고 예상했다.

대학생과 어머니

함께 콘서트 공연을 보러 온 모녀를 만났다. 모녀는 〈나꼼수〉 방송의 열렬한 팬이다. 인터뷰는 주로 대학생과 이뤄졌다. 이 여대생은 트위터를 하다가 〈나꼼수〉를 처음 알게 됐다고 한다. 자신이 가입한 트위터에 〈나꼼수〉 이야기가 많이 올라왔다고 한다. 앞서 인터뷰한 직장인과 마찬가지로 30회 방송을 모두 들었다. 팟캐스트 앱을 다운로드 받아 스마트폰으로 방송을 듣고 있다. 일과 후 집에서 듣거나 이동 중에 방송을 듣는다.

〈나꼼수〉의 매력은 기존 언론들이 말하지 않는 걸 얘기해 준다는 것이다. 예를 들어 BBK 문제나 저축은행문제 등 기존언론이 크게 비중 있게 다루지 못하는 내용을 〈나꼼수〉는 상세히 전달하고 있다는 것이다. 기존언론은 많이 편향돼 있다. 이러한 측면에서 〈나꼼수〉는 시각의 다양성을 확보해 주는 채널이다. 또 하나의 매력은 방송을 듣고 있으면 속이 후련하고 유쾌하게 말들 하니까 재미있다는 것이다. 그런데 한편으로는 방송에 나온 내용이 우리 사회의 어두운 면을 전달하는 것 같아 안타까움도 있다.

방송을 듣고 나면 친구들과 얘기를 하거나 생각이나 느낌을 트위터에 올린다. 이번 방송은 어떤 게 재미있었다고 이야기를 하거나 방송에서 제기된 이슈에 대한 각자의 생각도 얘기해 본다. 몰랐던 사실을 알게 되니까 이런 일도 있었구나라고 얘기도 한다.

방송을 듣기 전에는 구체적이지 못한 빈약한 정보를 바탕으로 정부를 비판했다면 듣고 난 후에는 많은 정보를 얻게 되니까 정부정책이 뭐가 잘못됐는지를 구체적으로 이야기할 수 있다. 방송을 들으면서 가장 기억에 남는 것으로는 서울시장 관련한 이야기다. 나경원 후보의 피부과 의혹도 포함돼 있다.

여대생과 인터뷰를 마칠 때 쯤 옆에서 전화 통화하고 있던 어머니에게 짤막한 질문을 던졌다. 〈나꼼수의 매력에 대해〉 어머니는 다음과 같이 말했다.

몰랐던 걸 너무 많이 알게 됐다. 정치에 대해 너무 모르잖아요. 하지만 방송을 듣게 되면서 정치에 대해 많은 것을 구체적으로 알게 됐고 정부에 대한 비판도 하게 됐고요.

6장

박원순 돌풍과 SNS 활용

6

박원순 돌풍과 SNS 활용

서울시 미디어 현황, 677개 매체 = 온라인 569개 + 오프라인 108

서울시민이 시정관련 소식을 접할 수 있는 서울시 미디어는 오프라인과 온라인으로 나눌 수 있다[2].

오프라인은 시 출입언론사 34개 사, 시 정기간행물 20종(4781만 부/년), 공공장소 17개, 시민교육·강좌 37종(57만2천 명/년)으로 구분된다. 온라인은 인터넷신문 163개 사, 시 홈페이지 247개(31만 명/일), 교통방송 3개(교통FM TV 영어FM), 모바일앱 32개, 서울시 SNS 124개 등이다.

오프라인 108개 미디어 가운데 시출입 언론사 34개 사는 신문(종합·경제) 21개 방송(TV·라디오) 10개 인터넷·통신 3개 등이다. 시 정기간행물은 반상회보[3], 내친구서울[4], 서울사랑[5] 등 시정종합 3종, SH공사 SH사랑방[6]

---

2) 2012.1.1 현재
3) 319만 부/월, 예산 2억3천만 원

소셜미디어가 세상을 바꾼다

등 주거복지 3종, Hello 서울메트로 교통정보[7] 3종, 역사박물관 SeMU[8] 등 문화관광 6종, 자원봉사서울 등 생활안내 5종 등이다. 공공장소 미디어는 지하철 58,674개 소, 버스 12795개 소, 전광판 89개 소, 가판대(가로판매대 구두수선대) 1864개 소, 아파트 6202개 소 등이다. 시민교육강좌는 환경 안전 등 25종, 건강 문화 등 10종, 식품위생, 민방위대원 등 총 37종(57만2천/닌)이다.

서울시 온라인미디어 중 시 홈페이지 247개는 투자·출연기관 38개, 산하기관 208개, 서울시홈페이지 등이다. 교통방송은 교통FM TV 영어FM 등이다. 모바일앱 32개는 교통·지리 7개, 문화관광 10개, 생활정보 12개, 도시안전 3개 등이다. 시 SNS는 트위터 58개, 페이스북 24개, 미투데이 8개, 블로그 34개 등 총 124개이다.

박원순 돌풍의 힘, 소셜미디어

지난해(2011) 10월 26일 서울시장 보궐선거에서 무소속 박원순 후보(@won soonpark)는 SNS 소통이 만든 이슈와 파워 트위터리안의 지지로 승리했다. 이 때문에 SNS를 가장 잘 알고, 잘 활용하는 정치인으로 떠올랐다. 현 정부와 집권여당 새누리당, 야당인 민주당과 기존 정치인들에게는 문화적 충격이었다.

소셜미디어는 이제 정책을 담아내는 창구로 진화했다. 'SNS시장' 박원순 서울시장은 소셜미디어 사용자들과 함께 시정을 논의하고 정책화한다. 다

---

4) 50만 부/월, 예산 3억6천만 원
5) 3만3천 부/월, 예산 6억8천만 원
6) 50만 부/분기, 예산 9천2백만 원
7) 1만5천 부/격월, 예산 1억3천만 원
8) 7천 부/분기, 예산 4천4백만 원

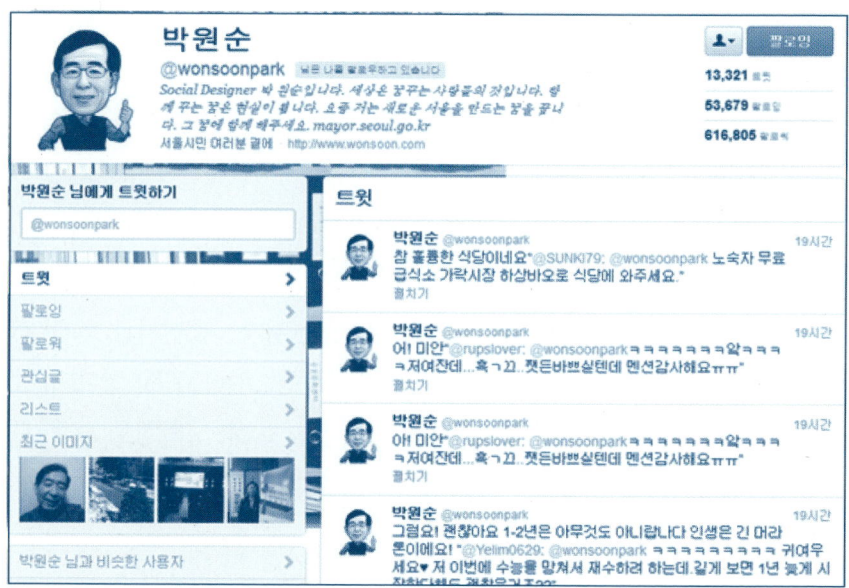

른 정치인들이 선거를 위해 소셜미디어를 활용한다면, 박원순 시장은 정책 제안 및 소통을 위한 미디어로 소셜미디어를 활용하는 것이다.

지금까지 여론을 주도해 왔던 언론에 비해 SNS는 어떤 의견이나 정보가 올라온 순간부터 검증이 시작되고 반론이 제기된다. 수많은 사용자들의 검증을 거치면서 사실 확인과 의견조율이 이뤄진다. '여론화'까지 걸리는 시간은 말 그대로 순식간이다. 평범한 시민의 작은 의견이 네티즌들과의 소통과 공감을 통해 여론이 되고, 곧바로 정책으로 반영되는 시대가 온 것이다.

박원순 시장은 소셜미디어에서 논의되는 이야기를 하나하나 경청하고 반영하는 과정을 통해 시민들과 소통하려고 노력한다. 현장에 가지 않아도 느낄 수 있고 참여할 수 있는 SNS의 장점에 주목한 것이다. 소셜미디어에서는 각종 정책에 대해서 누가 먼저랄 것도 없이 의견이 올라오고 자발적 토론이 이뤄지고 평가 기대 불만이 거침없이 쏟아진다.

박 시장은 정책자문기구인 '희망서울 정책자문위원회' (2011년 11월 14

소셜미디어가 세상을 바꾼다

일 출범)에서 소셜미디어를 이용해 시민들의 다양한 변화요구를 반영했다. 기존 사업을 진단 조정하며 신규 정책 발굴과 구체화에 대한 자문기능을 수행했다. 박 시장의 공약사항인 '사람이 행복한 도시' 구현을 위한 사람과 복지중심의 미래비전과 행정서비스를 담은 중장기 마스터플랜을 수립한 것이다. 이 위원회는 40대 젊은 위원을 중심으로 30~50대 실무소장파들로 꾸려졌다. 정책전문가 33명, 시민사회 대표 14명, 시정개발연구원 연구위원 7명 등이다. 선거캠프에서 활동한 전문가 외에도 학계와 연구소, 시민사회 대표, 기업인, 법조인 등 각계각층을 망라해 다양한 의견을 수용했다.

박원순 시장의 당선은 소셜미디어가 만들었다고 해도 과언이 아니다. 'SNS시장' 박원순은 취임식 또한 시장집무실에서 혼자 진행했다. 박 시장은 나홀로 40분 동안 시장실을 소개하고 취임선서와 취임사, 시민들의 질의응답시간을 진행했다. 시장이 취임사를 읽는 동안 온라인으로 참여한 시민들은 자신만의 취임사인 '나도 시장'을 SNS와 시장취임식 홈페이지에 올렸다.

온라인 취임식 이후 박 시장은 오프라인으로 소통했다. 덕수궁 대한문 앞에서 시민과 직접 만나는 자리를 만든 것이다. 이 모든 행사는 서울시 홈페이지와 네이버 다음 아프리카TV 등에 실시간 생중계되었다. 이런 행사의 목적은 취임식 예산 줄이기와 시민들의 직접적 참여를 통한 시정에 대한 관심끌기였다.

새벽 2시까지 시민들과 폭풍 트윗

박 시장은 취임식 전에도 '트위터(twitter.com)'에 'e타운홀 미팅'을 열었다. 'e타운홀 미팅'은 2009년 3월 워싱턴에 한정되었던 미국의 정치참여문화를 전국으로 확대하겠다고 약속했던 오바마 대통령의 대선공약을 실현한 것이다. 당시 약 9만3천 명의 네티즌들이 인터넷으로 참여했다.

　박 시장은 새벽 1시쯤 서울시 트위터(@seoulmania)에 '제설 아이디어를 모집한다' 는 글을 소개했다. "서울시가 이제 여러분을 정책입안가로 모십니다"라는 트윗을 올린 후 트위터리안들의 질문과 격려, 제안에 대해 30개의 트윗을 추가하며 소통의 시간을 가졌다. 박 시장의 e타운홀 미팅은 약 1시간 동안 열렸다.

　• 당시 한 참여자는 공공임대주택의 불합리성에 대해 토로했다.
　─보증금의 80%를 대출받아 공공임대주택에 살고 있는데 대출이자라도 벌려고 애 맡기고 맞벌이하면 보증금을 할증하거나 퇴출되어야 한다.
　=박원순 시장의 답변은 신속했다. "온 힘을 다해 공공임대주택 많이 짓겠다"(박원순 시장 @wonsoonpark)

소셜미디어가 세상을 바꾼다

• 서울 곳곳에 작은 도서관을 많이 늘려 달라. 도서관이 많으면 시민들의 지식도 많이 늘고 좋을 것 같다.(참여자)

=좋은 생각입니다. 각종 시설이나 공간에 작은 도서관을 만들어 보겠다.(박원순 시장)

• 박원순 시장, 이 세상이 그렇게 용역 사라지고, 등록금 사라지고, 모순과 고통이 금방 사라지는 줄 아느냐.(참여자)

=그렇게 체념하면 세상은 늘 그대로이다.(박원순 시장)

• 북아현동에 철거용역들이 등장해 이 시간까지 공포 분위기를 조성하고 있다고 하네요.(참여자)

=이제 용역이라는 말 사라져야 하는데, 내일 챙겨 보겠습니다.(박원순 시장)

• 시장님이 이렇게 자주 트윗으로 소통하시면서 시민들 눈을 높여주시면 다른 정치인들도 소통 안 할 수가 없겠네요. 변화의 새바람 항상 응원합니다.(참여자)

=가장 간편하고 값싼 소통의 도구들이 널려 있는데 왜 소통이 문제죠?(박원순 시장)

• 한시가 다 되어갑니다. 3년 후에 대머리 시장님을 뽑아야 한다면 어쩔 수 없지만, 그래도 건강 챙기셨으면 좋겠어요. 얼른 주무세요. 내일 또 즐거움 주시려면?(참여자)

=늘 습관이 되어 늦게 잔답니다.(박원순 시장)

• 이따 출근해야 할 텐데 서울 시정과 함께 건강도 챙겨 달라.(참여자)

=이제 자러 가야겠다.(박원순 시장)

서울시는 새로운 시정을 방향을 제시하는 서울시정 슬로건(slogan)도 SNS 선호도 투표로 결정했다. 새로운 표어의 조건은 박 시장이 선거를 전후해 내걸었던 시정철학을 담아야 했다. ▶시민이 주인이고 시장인 서울 ▶소통 시정 ▶소박하고 안전한 사람을 위한 도시 ▶현장 행정중심 도시. 수상자들에겐 시장과 온종일 동행하며 시정을 경험하는 '1일 시장 체험' 시장과 함께 '헌책방 나들이' 등의 혜택이 주어졌다.

박원순 시장 트위터에 올라온 글

그렇다면 박원순 시장 트위터에는 어떤 글들이 올라올까? 2011년 11월 27일부터 약 한 달간 트위터에 올라온 글을 분석한 결과, 흥미로운 결과가 도출되었다.

우선, 이 기간 동안 총 트윗수는 24,530건으로 1일 평균 845건이 올라온 셈이다. 이 중 서울시 관련 제안이나 민원은 총 1,422건으로 나타나 6%를 차지했다. 서울시 관련 제안이나 민원을 분야별로 구분한 결과 교통, 복지정책, 주택정책, 무상급식 확대 등이 대부분을 차지했다.

박원순 서울시장 트위터에 올라온 시민들의 주요 트윗

○ 기간(시장취임 후 한달간) : 2011.10.27 ~ 11.24(1개월)
○ 총트윗수 : 24,530건(1일 평균 845건)
○ 서울시 관련 제안 · 민원 : 1,422건

① 교통정책 : 2호선 지하철역 혼잡도 개선요구 등(180건)

• 사당 2, 4호선은 아침마다 걸어간다기보다 끼어서 환승하는 곳까지 밀려간다는 생각이 드는 곳인데(choinjuck, 10.28)

• 서울시 지하철이 교통약자들이 매우 이용하기 어렵습니다. 특히, 유모차 이용자들이 계단에 설치된 리프트를 사용하기 어렵습니다. 사무소에 연락을 하고 열쇠로 락을 풀어야 사용가능한데 직원들도 귀찮으니 짜증냅니다 (hanminho, 10.28)

• 버스정류장에 차양 하나 세워달라고 민원했다가 굴욕 겪은 적 있어요. 버스정류장에 비 오고 너무 더울 때 피해 앉을 수 있는 차양 하나 세워달라는 민원이 그리 어려운 거였나요?(wildberry912, 10.31)

• 용인 사는 사람입니다. 버스 증차 좀 해 주세요. 버스 하루에 70명씩 타고 다닙니다. 증차 요청해도 서울시에 버스가 많아지면 교통 복잡할까 봐 증차 못해 준답니다. 지하철역에 주민센터 민원업무 대행창구 만들면 편할 것 같은데요, 지하철역에 빈 공간도 많은데(JackMinisSHIN, 11.4)

• 지금까지 시행된 택시정책 혈세 먹는 시책입니다. 예산 낭비하는 택시정책 재검토되어야 합니다. 브랜드 콜택시, 카드택시, 업무택시, 안심택시 앱, 기타 등등(isgjchg, 11.17)

② 복지정책 : 노인, 보육, 장애인, 노숙인 복지확대 요구 등(181건)

• 장애인 콜택시 이용시 시·도 경계 넘어서도 융통성 있게 이용할 수 있도록 인천시, 경기도와 정책협의 부탁드립니다(antiwa, 10.31)

• 보육문제만 해결된다면 둘째를 낳고 싶은 아빠입니다. 맞벌이 때문에 첫째도 100일부터 어린이집을 보냈네요. 어린이집 대기자 어디나 너무 많습

니다(Mongsilgom, 10.31)

• 내년 2월 출산을 앞둔 예비아빠입니다. 아이를 키우려면 100일도 안 된 아가를 다른 사람에게 급여의 절반을 주어서 맡기거나 퇴직하는 길 밖에 없네요. 육아 복지도 많은 관심 부탁드립니다(cafeinvento1, 11.9)

• 자치구별로 각기 다른 출산장려정책도 교통정리를 해 주세요(265mj, 11.11)

③ 도시안전 · 주택정책 : 재개발 · 재건축 원주민 보호대책 요구 등(215건)

• 종로 녹지조성계획과 세운상가 철거문제를 앞으로 어떻게 진행하실 생각이신지 시장님의 견해를 듣고자 합니다(bartshim, 10.28)

• 여의도아파트 공람취소하신 것처럼 우리 서부이촌동도 공람고시 취소해 주세요. 이 곳 아파트 주민들도 개발반대예요. 이곳 주민을 무시하고 유린하는 서울시의 모습은 이제 그만, 너무나 고통스럽습니다(dewy0706, 10.31)

• 고려대 앞 긴급한 현안이 있어 급히 연락드리고자 트위터로 글을 남깁니다! 바로 고려대 정문 앞 재개발 문제입니다. 현재 8년 넘게 추진중인 정문 앞 재개발에 상인, 주민, 학생의 생존권과 학습권이 달려 있어 모두 한 목소리로 반대목소리를 내왔고 공람결과 역시 마찬가지였습니다. 그런데도 11월 9일 이 안건이 시도시 공동위원회에 상정됐습니다. 돈을 위한 재개발이 아니라 더 좋은 주거환경을 위한 재개발, 사람을 내모는 것이 아닌 살리기 위한 건축과 개발에 시장님께서 적극 힘써 주시리라 믿습니다(jiyoungyoo, 10.31)

• 공개 자료 요청했는데 자료 공개하지 않고 자꾸 딴 소리만 하고 있어서

홍은동 미미주택 재건축조합원들이 울분을 터뜨리고 있습니다(ays9026, 11.5)

• 서울시청은 용산국제업무지구 개발 때문에(이곳 주민들은 개발을 반대합니다) 개발을 간접히 원하는 청파동 판자촌은 개발하지 못한다고 합니다. 누구를 위한 개발입니까? 전 오세훈 시장의 정책으로 고통받는 청파동 주민의 고통을 들어주십시오(Syunasuna, 11.5)

• 마곡지구 개발 때문에 가양지역 공진초등학교가 폐교위기에 놓였습니다. 이 지역 주민의 정서도 고려하지 않은 교과부 처사로 거센 반발이 있으니 시장님의 열린 마음이 있었으면 합니다(park_jeongeun, 11.9)

• 저는 사당동에 거주중인 서울시민인데 요즘 서울시 하수구 곳곳에서 '방사능' 냄새가 나는 걸 느꼈습니다, 그래서 그런지 요즘은 불면증에 시달리고 있습니다. 오염전수조사와 질병역학조사를 시행해 주시면 감사하겠습니다(juuminvote, 11.9)

④ 비정규직 정규직화, 무상급식 확대, 반값 등록금 등(202건)

• 비정규직으로 일하는 직원들 정규직 취지도 좋구요, 청년인턴 학력제한 거셨던데요. 대졸도 취업이 안 되지만, 고졸은 더 힘들거든요. 솔직히 대졸은 인맥이라도 있지만, 고졸은 그런 것도 없어서(choyoun21, 11.7)

• 고시텔에서 살아도 가격에 걸맞은 생활에 살고 싶습니다. 고시텔의 가격을 공식적으로 서울시에서 책정해 주셨으면 정말 좋겠습니다. 위생도 안 좋은데 가격이 천차만별인 양심없는 고시텔 업자가 입시철이 되면 극성이거든요(zx8563, 10.28)

• 초등학교 5학년 아이가 무상급식 후에 반찬수가 줄고, 급식의 질이 떨어졌다네요. 우연의 일치일 수도 있겠으나, 누군가 살펴봐 주셨음 합니다. 급식업자가 돈 안 받고 밥 주는 게 무상급식은 분명 아닐 테니까요(jypnara, 11. 4)

• 작은 도서관도 컨셉을 잘 좀 고민해 주시길 바랍니다. 쓸모없이 장서수만 많고 참고서 펴고 그다지 도움 안 되는 공부를 위한 열람실만 있는 도서관은 가고 싶지 않습니다(gentlejustice, 11.11)

⑤ 서울광장개방 및 스케이트장 중단 요구, 한미 FTA관련 시장님 반대 입장표명 요구 등(113건)

• 시청광장만 시민에게 돌려주세요. 세금 내는 국민이 쓸 수 없는 광장은 독재죠(jskstart2242, 10.31)

• 한미 FTA현재 상황에서 통과된다면 서울은 어떤 상황이 오는 거죠. MB정부에 합의 수정된 정확한 팩트는 어떤 게 있죠. 정확한 정보 공유가 있었으면 합니다(copix1972, 10.31)

• 시청 바로 옆 환구단공원에 재능교육 노동자들이 있습니다. 그들과 함께 해 주십시오. 1500인 서명도 참여하셨지 않습니까(fkqm, 10.31)

• 광장을 시민에게! 박원순 시장은 서울광장을 시민에게 돌려주겠다고 했는데, 다음주부터 스케이트장 공사를 강행한답니다. 당장 중단하십시오 (baltong3, 11. 1)

⑥ 기타 서울시장 개인에게 바라는 사항(264건)

• 지난 일요일 광화문 유세 때 지하철에서 앉아가는 방법 10가지를 말씀

해 주신다고 해놓고, 3개 말씀하시곤 나머진 당선되면 알려주신다고 하셨지요, 당선되셨으니 나머지 방법도 알려주세요!(mymiconos, 10.27)

• 공공데이터로 새로운 영역을 개척하는 일은 아마도 원순 씨가 관심도 가져볼 만하고 가장 어울리는 사람이 아닐까 생각. 사회적 기업, 청년창업지원, 데이터저널리즘 등등(pythagoras0, 10.28)

• 시장님! 야구 좋아하시면 시구 한 번 해 주세요. 한국시리즈 시구! 시장님이라면 기존 폼잡는 정치인과는 달리 많이 좋아할 거에요. ^^ (BLUEBERRY0817, 10.31)

• 하나씩 해결될 때마다 메모를 떼어내고 시장직 마치실 때 공개해 보시는 건 어떨까요? (otasloggi, 11.9)

⑦ RT · 인용 등 중복 트윗(267건)

서울시 소통 야심작 '소셜미디어센터'

시민과의 소통을 중시 여기는 박원순 시장은 취임과 동시에 서울시 각실·국에 SNS를 운영하는 지침을 내렸다. 실시간 시민소통 수단으로 SNS가 유용하다는 판단 때문이다. 아무리 사소한 시민의 의견이라도 모두 귀담아듣겠다는 취지 아래 'SNS행정' 시대를 연 것이다.

서울시와 서울시민간의 소통의 핵심은 2012년 11월 1일 문을 연 소셜미디어센터(Social Media Center · SMC, soacial.seoul/go/kr). 서울시 소통플랫폼으로 자리잡은 소셜미디어센터는 박원순 시장과 각 실·국 등이 운영하는 트위터 페이스북 등 44개 계정[9]을 통합관리하는 홈페이지이다.

"코엑스 앞 정류장 맨홀이 위태로워 보인다"는 한 시민의 트윗에 박원순 시장은 불과 열흘 만에 "보수했다"는 글과 사진으로 답한다. 이런 박 시장의 SNS행정이 성공을 거두자 서울시 산하 다른 자치구들도 공식 트위터를 적극 활성화한다.

모든 SNS계정으로 들어오는 시민 의견들을 이 홈페이지에서 실시간 공개한다. 또 44개 계정을 지도 형태로 링크해 시민이 원하는 계정을 찾아볼 수 있게 했다. 서울에 폭설이 내릴 경우, 서울시 제설 대책 및 상황을 전파하는 글이 모든 계정으로 일시에 올라온다.

트위터는 유명하고 영향력 있는 사용자가 여론을 지배하는 구조이다. 소셜미디어센터로 등록된 의견중 87.6%가 박원순 시장의 트위터에 몰려 있다. 서울시민들은 서울시 해당부서에 글을 올린다기보다는 박원순 시장에게 직접 글을 보낸다고 생각한다.

'원순씨에게 바랍니다'[10]는 사장과 바로 통하는 온라인신문고이다. 서울시장에게 시정과 관련된 제안 개선사항 비전 등을 제시하는 제도이다. 트위터의 구조 자체가 박 시장에게 흡수될 수밖에 없는 구조이다 보니 박 시장의 트위터가 또 다른 소통플랫폼으로 기능하는 것이다. 서울시만의 독특한 상황이다.

서울시는 소셜미디어센터로 들어오는 시민 의견에 대한 피드백을 강화하기 위해 분기별로 우수부서를 선정한다. 모니터링을 통해 전체계정들 중

---

9) 총 38개 부서의 61개 계정(국내, 2013.1.16. 현재). 38개 부서는 모두 트위터를 기본으로 운영하고 있으며, 11개 부서에서 페이스북 미투데이 블로그 등을 추가로 운영중이다. 해외계정의 경우 관광사업과가 12개를 운영하고 있다.

10) 서울특별시 인터넷홈페이지 운영 활성화에 관한 조례 제6조

① 시장은 홈페이지를 통해 이용자의 시정 참여유도와 열린행정 구현을 위하여 이용자와 인터넷으로 의견교환을 할 수 있도록 "시장에게 바란다" 창구를 운영할 수 있어야 한다.

② "시장에게 바란다"는 이용자의 의견에 답변이 필요하다고 판단되는 경우에는 「민원사무처리에 관한 법률」에 따른 민원사무에 준하여 접수 · 처리하여야 한다.

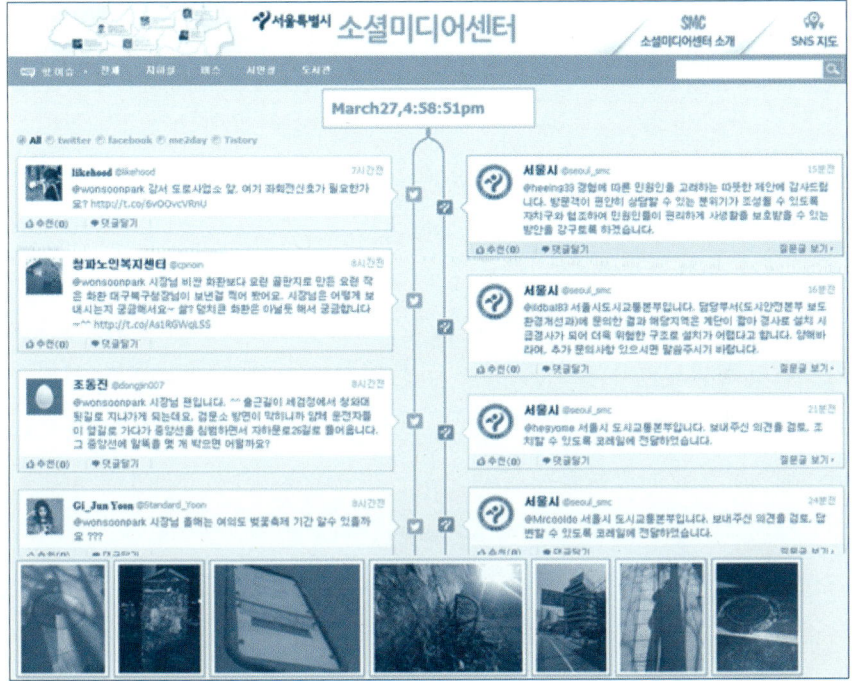

영향력이 있는 계정에 좀더 힘을 실을 계획이다. 서울시 대표 트위터 (@seoulmania, 2010년 1월 개설), 다산120센터(@120seoulcall), 서울시 대변인(@seoulspoke) 등이 그것이다. 서울시는 서울매니아와 해치군(2010년 2월)의 서울나들이 블로그 통합, 공공기관 SNS 활용 콘퍼런스 추진 등 소셜미디어 활성화에 노력하고 있다.

특히 서울시 대변인(@seoulspoke, 2011년 12월)은 기존언론 외에 서울시의 보도·해명자료, 대변인 논평 등 서울시 관련 뉴스를 알리고, 부정확한 보도에 대해서는 확산을 적극 차단한다. 영향력 있는 1인미디어 및 Podcast 등 대안언론에서 제기하는 시정관련 뉴스를 모니터링, 시정에 반영하기도 한다. 용가리통뼈뉴스(@Yotonews) 미디어몽구(@mediamongu) 나꼼수 나꼼살(나꼼수 자매방송) 등이 대상이다.

소셜미디어센터 방문자들은 때때로 링크된 계정들이 활성화되지 않는다며 불만을 제기한다. 일상업무에 바쁜 공무원들에게 상시 SNS운영은 또 다른 업무 부담이 될 수도 있다. 아직까지 세심하고 체계적인 관리가 아쉬운 대목이다. 각 부서의 업무 특성에 따른 SNS의 유연한 운영은 또 다른 대안이다. SNS가 필요하면 적극적으로 힘을 모으고 그렇지 않다면 과감하게 정리하는 것이다.

2012년 11월 1일~2013년 2월 14일까지 서울시 전체 SNS계정에는 총 1만 2122건의 시민의견이 접수[11]되었다. 이중 처리된 의견은 1만1795건, 처리율은 97.3%에 달한다. 2013년 1월 현재 소셜미디어 운영예산이 있는 부서는 뉴미디어담당관 관광사업과 문화정책과 상수도사업본부 등 4개 부서이다. 서울시의 2013년 소셜미디어 활성화를 위한 예산은 2억8660억 원.

〈표〉 SMC 등록계정 현황

구분	부서명	계정 또는 주소명			
		트위터	페이스북	미투데이	블로그
대변인	언론담당관	@seoulspoke			
서울혁신기획관	사회혁신담당관	@seoulinnovation			
서울혁신기획관	마을공동체담당관	@seoulmaeul	seoulmaeul		
시민소통기획관	시민소통담당관	@seoultong			
시민소통기획관	뉴미디어담당관	@seoulmania	seoul.kr	haechiseoul	
여성가족정책실	여성가족정책담당관	@womanseoul			
감사관	감사담당관	@seoulaudit			
비상기획관	민방위담당관	@safeseoul			

---

11) 소셜미디어센터의 시민메시지는 「서울특별시 메시지민원 처리규정」(서울특별시 예규 제712호)을 준수하여 신속히 처리되어야 한다.

소셜미디어가 세상을 바꾼다

구분	부서명	계정 또는 주소명			
		트위터	페이스북	미투데이	블로그
정보화기획단	정보화기획담당관	@useoul		useoul	
경제진흥실	경제정책과	@seouleconomy	hiseoul		
경제진흥실	창업취업지원과	@seouliljari	seouliljari		
복지건강실	복지정책과	@3coulwclf			
복지건강실	희망복지지원과	@ondolwelfare			
도시교통본부	교통정책과	@seoulgyotong	seoultransport		http://seoultransportation.tistory.com
도시교통본부	교통정보센터	@seoultopis			
기후환경본부	환경정책과	@seoulgreenergy			
기후환경본부	녹색에너지과	@seoulgreenenerg			
기후환경본부	기후대기과	@seoulcleanair			
기후환경본부	친환경교통과	@seoulgreencar			
기후환경본부	자원순환과	@resorecircul			
기후환경본부	생활환경과	@livingenv			
문화관광디자인본부	문화정책과	@culturespace			
교육협력국	학교지원과	@seouledbu			
교육협력국	교육격차해소과	@eduequal	eduequalseoul	eduequal	
도시안전실	도시안전과	@seoulsafety			
도시안전실	도로관리과	@seoulroadmania			
공원녹지국	공원녹지정책과	@greenseoulcity			
소방재난본부	안전지원과	@seoulfire			
도시기반시설본부	건설총괄부	@seoulinfra			
상수도사업본부	경영관리부	@arisusalang	seoularisu	arisumer	htttp://arisumer.tistory.com
한강사업본부	총무부	@seoulhangang			

버스파업 극적 타결 일등공신 원순 씨

　전국적으로 버스파업에 돌입한 지난해 11월 22일 오전 6시 30분. 박원순 시장은 자신의 트위터를 통해 속보를 날렸다. 우려했던 교통대란이 한 순간에 해결되는 순간. 서울시내 버스가 운행을 시작하자 부산 경기도 등 다른 지역도 연쇄적으로 파업을 풀었다.

　21일 택시를 대중교통수단에 포함시키는 내용의 '대중교통의 육성 및 이용 촉진에 관한 법률' 개정안이 국회 법제사법위원회를 통과하면서 버스업계가 총파업에 돌입했다. 서울시내 버스 운행이 중지, 서울시민 1천만 명의 발이 묶이게 된 것이다. 도시교통본부는 시내버스운송사업조합, 서울버스노동조합과 협상을 시작했지만 설득작업은 쉽지 않았다.

　박원순 시장은 밤샘 트위터 중계를 시작했다. "버스운행중단 대비 서울시 25개 자치구별 비상수송대책 안내사이트 정보입니다"라는 제목으로 서울 구별 상황을 실시간으로 전송했다. 22일 새벽 1시 11분, "[도시교통본부상황실] 1시 현재 파악된 서울시내 자치구 비상수송대책을 확인하실 수 있다"는 관련트위터를 전했다. 22일 오전 6시 30분, "[도시교통본부상황실] 속보－6시 20분부로 서울시내 모든 버스운행이 정상화되었습니다. 불편을 드려 죄송합니다. 더 나은 서울시 시내버스가 되도록 더욱 노력하겠습니다."

　박 시장은 지난해 7월 6일 서울시에 새벽 집중호우가 예보되었을 때도 새벽 2시 30분부터 5시 20분까지 트위터를 통해 서울시의 수해방지시스템을 알렸다. 시민들로부터 제보 받은 서울 곳곳의 호우상황을 실시간으로 리트윗했다.

소셜미디어가 세상을 바꾼다

시장님, 저에게도 하트 주세요!

올해 초 박원순 시장의 트위터에는 하트를 요청하는 시민들의 멘션이 쇄도했다. 하트사용법을 배운 박 시장이 시민에게 하트를 전해 주면서 하트요청 멘션이 이어지고 있는 것이다.

박 시장은 지난해 말 15일 트위터에 "나도 하트 그려 드리고 싶은데 이디서 찾죠?"라는 글을 남겼다. 하트 사용법을 배운 박 시장은 시민들에게 하트를 전해 주면서 이를 요구하는 시민들도 폭증했다. 박 시장이 트위터에 접속하는 시간이 되면 팔로워들의 타임라인에는 박 시장과 시민들이 주고받는 하트가 도배되는 진풍경이 펼쳐졌다. 일평균 수십 개에 달하는 '하트요청' 멘션에 박 시장이 일일이 하트 답장을 날리기 때문.

박 시장에게 하트를 남겨달라는 시민들의 사연은 연령 직업 성별에 상관없이 입시상담부터 취업고민, 출산격려, 심지어 건강고민까지 각양각색이다. "고3입니다" "위로해 주세요" "배가 나왔어요" "잠이 안 와요" 시민들의 글은 자신만의 고민과 하트받아야 할 당위성을 담고 있다.

박 시장은 시간 날 때마다 하트 요청에 답했다. 시민들의 민생현장에 가지 않아도 공감할 수 있는 SNS의 장점을 십분 활용한 것이다.

트위터 인기스타 박원순 시장의 임기는 2014년 6월까지이다. 임기 끝나는 그날까지 박 시장의 목표는 시민들과 즐거운 미래를 만들어가는 것이다. 박 시장의 행정철학은 '시행착오가 없는 꼼꼼한 행정' 이른바 '정밀행정'이다. 서울시 공무원들은 박 시장 취임 이후 예전보다 업무량이 많아졌다고 불평하지만, 격식 차리지 않는 소탈한 박 시장의 모습에서 새삼 소통의 중요성을 느낀다.

횡단보도 신호등 고장, 잘못된 버스노선도, 고장난 가로등, 뚜껑이 없어진 맨홀, 막힌 빗물받이, 아슬아슬한 축대 등. 서울시민이라면 누구나 이 현장을 위치정보를 표시한 스마트폰 사진으로 찍어 트위터로 알릴 수 있다. 인터넷과 전화로 담당부서 담당자에게 민원내용과 장소를 번거롭게 설명할 필요가 없다.

서울시의 소셜미디어 행정을 한 마디로 요약하면 '시민참여'다. 소셜미디어가 또 하나의 시정 홍보채널이 아니라 본질적 소통기능에 주목한다. 시민들의 민원 제보 제안 등을 적극 수렴해 시정에 반영하는 것이다. 수해 홍수 폭설 등 위급 재난상황 발생시 해시태그로 약속어를 정해 놓고 시민들과 공무원들은 거주지와 관련된 실시간 현장상황을 공유한다.

서울시는 새로운 시책을 추진할 때면 다음 아고라에 토론방을 열어 정책토론회를 생중계, 시민들의 의견을 청취한다. 양방향 소통지도인 다음 커뮤니티앱에서는 시민들이 재난 방지와 도시 시설물 관리에 참여할 수 있게 한다.

서울시의 대표 계정은 서울마니아, 미투데이 해치군, 페이스북 서울시 페이지, 블로그 서울마니아, 서울시 대변인 트위터 등이다. 서울시 대표계정은 가장 일반적인 사안에 집중하되, 전문적인 사안은 각 주무부서가 따로 다룬다. 서울시는 박원순 시장 취임 이후 실국본부 사업소 단위까지 소셜미디어 계정을 열도록 권장해 왔다.

소셜미디어 활성화를 위해 서울시는 정보 공개를 기본원칙으로 내세웠다. 시 공무원들을 대상으로 정기적인 소셜미디어 교육을 실시하고 분기별로 소셜미디어를 활용하는 공무원 가운데 소통왕을 선정해 포상한다.

자치구 '공식트위터' 도 탄력

박원순 서울시장의 트위터 소통에 힘입어 서울시 자치구들도 SNS열풍에 빠졌다. 박 시장이 운영중인 트위터가 유명세를 탄 뒤 트위터를 통해 민원을 제기하는 구민도 크게 늘었다. 일부 자치구에서는 아예 트위터를 전담 관리하는 직원까지 생겼다. 자치구 트위터는 구민들이 민원이나 아이디어를 올리거나 구청이 구정소식을 알리는 창구로 자리매김했다.

구청들이 공식트위터를 개설하는 이유는 트위터로 좀 더 친밀감 있게 정보를 주고받을 수 있기 때문이다. 반면, 구청 홈페이지를 통해 주고받는 구정소식이나 일반 민원들은 '쌍방향성' 이 부족하다고 느낄 수도 있다.

서울시 25개 자치구중 24개 자치구가 구청 공식트위터를 운영 중(2011년 11월말 현재)이다. 구청장들의 개인트위터나 구의원들의 트위터까지 감안하면 25개 자치구 모두 SNS를 소통창구로 활용하고 있다고 해도 과언이 아니다.

서초구(@seochonews)는 전국지방자치단체 중 가장 먼저 트위터를 운영했다. 겨울방학을 맞아 학생들 아르바이트 정보는 물론 날씨정보까지 제공한다. 생활운동과, 부동산정보과, 복지정책과 등 부서별 트위터는 물론 서초구내 동주민센터 트위터까지 구축된 상태다.

박 시장의 트위터 열풍 이후 구 행정에 관여하는 구의원들도 적극적이다. 강북구의회는 구의원들을 대상으로 트위터정보화 교육을 정기적으로 실시한다. 정보 파급효과가 큰 데다 민생문제를 빠르게 파악할 수 있다는 장점에서다. 다른 구에 비해 공식 트위터 운영 상태가 미흡한 편이지만 구의원들이 적극적으로 나서고 있다. 일부 구민이 상업성 글을 올리는 경우나 이해관계가 얽힌 예민한 문제들을 트위터에 올리는 경우가 문제가 될 수 있다. 월세 값을 크게 올린 집주인에 항의하는 민원성 글까지 구청 트위터에 올라온다. 소통 창구라기보다 구정소식을 일방적으로 전달하는 등 홍보사이트로 전락하기도 한다. 모 구청 공식 트위터의 경우 하루에 올라오는 글 중 80% 이상이 구정소식으로만 이뤄졌다.

공무원들의 경우 'SNS 속앓이'를 겪기도 한다. 민감한 민원이 올라올 경우 해당 공무원이 직접 확인해야 하기 때문이다. 개인 업무뿐만 아니라 트위터의 긴급 사안까지 처리할 수밖에 없어 업무집중도 및 효율이 떨어지는 경우도 종종 발생한다. 특히 24시간 운영되는 SNS의 속성상, 민감한 민원부서는 퇴근 후에도 SNS의 글들을 들여다봐야 한다.

서초구는 지난해 2월 8일 지역주민을 대상으로 소셜네트워크서비스 활용도를 알아보는 경진대회를 열었다. 대회 참가자들은 주어진 과제에 맞게 스마트폰으로 정보를 검색하고 개성 있는 셀카 사진을 찍어 트위터와 페이스북에 올렸다. 신속하고 정확한 업데이트 능력과 게재한 글과 사진의 감성도 평가에 반영됐다.

서초구는 2주동안 관내 동사무소를 통해 신청을 받았으며 대학생 주부 군인 등 총 150명이 이번 대회에 참가했다. (사)인터넷소통위원회 부회장,

소셜미디어가 세상을 바꾼다

서초인터넷소통위원 등 전문가를 심사위원으로 구성해 평가의 공정성을 더했다. 시상은 대학생부와 일반부로 구분해 소통왕 소셜상 스마트상 등 총 12개 분야에 주어졌다. 서초구는 2011년 12월에도 구청 직원들의 SNS활용 능력을 높이고 구민과의 원활한 소통을 위해 직원들을 대상으로 경진대회를 실시했다. 일반직원과 간부 등 총 92명의 공무원이 참석했다.

송파구는 지난해 5월 'SNS 연계 민원처리 자동시스템' 을 자체 개발, 본격 운영에 들어갔다. 'SNS 연계 민원처리 자동시스템' 은 수작업으로 진행되는 민원처리 절차를 자동화해 행동착오를 줄이고 행정의 절차적 시간적 비용을 최소화하기 위한 도구이다. 이전까지 주민이 구청에 민원을 제기하려면 직접 구청을 방문하거나, 전화로 담당자와 통화 또는 구 인터넷 홈페이지를 이용해야 했다. 'SNS 연계 민원처리 자동시스템' 은 행정절차를 대폭 간소화했다. 트위터를 통해 접수된 민원을 감사부서 공무원이 담당부서로 이첩하는 과정은 비슷하다. 이 시스템의 핵심은 '담당공무원이 답변을 행정망에 작성하면 그 내용이 자동으로 민원인의 트위터로 전송된다' 는 점이다. 민원인은 트위터 검색창에 'songpaOK' 만 덧붙여서 입력하면 민원에 대한 답변을 타임라인을 통해 볼 수 있다.

'트윗달인' 구청장들이 말하는 트위터의 매력

'구민과의 소통' 을 강조하는 구청장[12]들은 트위터를 적극 활용한다. 서울시 구청장 25명중의 팔로워 1위는 유종필 관악구청장이다. 올해 3월말 기준 팔로워 4700명. 2010년부터 선두를 지키고 있는 유 구청장은 2009년 10월 트위터를 개설했다. 민선5기 취임직후인 2010년 7월부터 본격적으로 운영을 시작, 바쁜 일정 중에도 차량으로 이동하는 시간 등을 쪼개 짬짬이 트위터를 사용하고 있다. 팔로워 2위는 팔로워 4000여 명의 이해식 강동구청장.

2010년 초부터 트위터를 시작해 지인은 물론 구청 직원 및 구민들과 폭넓게 관계를 맺어가며 1년만에 팔로워 수를 7배 늘렸다. 그동안 올린 트윗 수는 2146개, 유종필 구청장의 834개를 훌쩍 넘어선다.

유 구청장이 소통수단으로 트위터를 이용하는 이유는 "복잡한 절차 없이 주민의견을 듣고 다양한 정보를 알리는데 시간·장소에 구애를 받지 않는 빠른 소통이 가능"하다는 것이다. 트위터에 올라온 의견을 실제로 정책에 적용시키기도 했다. 주말·공휴일 청사 지하주차장 개방, 지하철 2호선 서울대입구역 버스정류장 혼잡 완화방안 등이 그것이다.

이해진 강동구청장도 트위터를 통해 주민들의 관심사 등을 파악한다. 지역 트위터리안 모임인 '강동당'에서 활동하며 자유롭게 여론을 듣는다. 이 구청장은 "트위터 공간은 누구에게나 평등해 '구청장 어드밴티지'가 없다. 그래서 주민들도 편하게 대한다"고 귀띔한다.

유구청장은 구정 정보를 필요로 하는 사람이라면 누구나 팔로워로 받아들인다. 유 청장만의 '소셜네트워크 활성화방안'은 열린 마음으로 기다리지 않고 직접 참여할 것, 체면을 내려놓고 솔직할 것, 실시간으로 소통할 것 등이다. 이해식 구청장의 비결은 이렇다. "평소 말을 많이 하는 단체장의 입장이 트위터에서는 통하지 않는다. 대화하고 싶으면 먼저 끼어들어야 하고 상대방 얘기에 실시간으로 호응해야 한다."

---

12) 대다수 유권자들은 시장 군수 구청장의 직급에 대해서 정확히 알지 못한다. 자치단체 규모에 따라 '급'이 다르다. 당연하게도 시장 군수 구청장은 부시장 부군수 부군수보다 한단계 위의 직급에 해당하는 대우를 받는다. 예를 들어 2급 부구청장이 있는 구의 구청장은 1급 대우를 받는다. 부시장 부군수 부구청장의 직급은 인구 15만 미만인 곳은 4급. 인구 50만 미만의 특별시 자치구와 인구 15만 이상~50만 미만의 시 군 자치구는 3급, 인구 50만 미만의 시 50만 명 이상의 시 군 자치구는 2급이다. 서울의 경우 2급 부구청장이 있는 관악 노원 송파 강남 강서의 구청장은 나머지 20곳 구청장보다 격이 한 단계 높다. 서울특별시장은 장관급, 광역시와 도지사는 인구에 상관없이 차관급 대우를 받는다.
참고로 임기가 4년인 지방자치단체장의 연임은 3번으로 제한된다. 장기 재임으로 인한 부작용을 예방하기 위해서이다. 1994년 지방자치법이 개정될 때 이 내용이 포함되었다. 3번 연임한 후 물러났다 다시 뽑히면 3선 연임이 가능하다. 민선 5기에 당선된 고재득 서울 성동구청장은 민선 1·2·3기 구청장을 지낸 바 있어 서울의 첫4선 청장이 되었다. 지방의원의 경우 연임제한이 없다. 조길형 서울 영등포구청장 당선자는 구의원을 네 번 내리 지낸 경력이 있다.

〈표〉 전국시도지사 트위터 개설 운영 현황

경기	**김 문 수** (@kimmoonsoo1) ※ '10.2.17 개설 대한민국의 미래! 여러분들과 함께 열어가고 싶습니다 • 팔로잉 35,282 • 팔로워 29,607 • 리스트됨 2,313 • 트윗 3,617	전북	**김 완 주** (@mriljari) ※ '10.9.17 개설 전라북도지사 • 팔로잉 3328 • 팔로워 529 • 리스트됨 40 • 트윗 14
인천	**송 영 길** (@Bulloger) ※ '09.7.2 개설 세계인을 처음 맞이하는 교류의 도시 인천! 벽을 문으로 만드는 따뜻한 소통의 도시 인천! 모두 반갑습니다! 인천시장 송영길입니다. • 팔로잉 14,797 • 팔로워 71,961 • 리스트됨 3,328 • 트윗 1,565	강원	**최 문 순** (@moonsoonc) ※ '09.6.17 개설 강원도 초보 도지사, 편히 문순c로 불러 주시면 감사. 강원도 많이 놀러와 주세요!! • 팔로잉 64,201 • 팔로워 67,767 • 리스트됨 3,200 • 트윗 907
대전	**염 홍 철** (@yumone2010) ※ '10.2.3 개설 세계로 열린 대전, 꿈을 이루는 시민! 안녕하세요. 대전시장 염홍철입니다. • 팔로잉 5,321 • 팔로워 5,232 • 리스트됨 419 • 트윗 3,164	대구	**김 범 일** (@bum1kim) ※ '10.5.23 개설 대구광역시장 김범일입니다. 세계로 웅비하는 더 큰 대구를 만들기 위해 최선을 다하겠습니다. • 팔로잉 3 • 팔로워 268 • 리스트됨 22 • 트윗 107
충북	**이 시 종** (@oklsj) ※ '10.1.31 개설 안녕하세요? 충북도지사 이시종입니다. • 팔로잉 248 • 팔로워 917 • 리스트됨 114 • 트윗 108	경남	**김 두 관** (@dookwan) ※ '10.2.11 개설 반갑습니다. 경상남도 도지사 김두관입니다. 공평한 경남, 모든 이들의 희망의 경남, 번영1번지 경남이 될 수 있도록 최선을 다하겠습니다. (民은 不患貧이요, 患不均이다.) • 팔로잉 32,165 • 팔로워 31,622 • 리스트됨 2,155 • 트윗 139
충남	**안 희 정** (@steelroot) ※ '09.6.16 개설 행복한 변화, 새로운 충남! 충남도지사 안희정입니다. • 팔로잉 62,151 • 팔로워 56,993 • 리스트됨 4,581 • 트윗 4,913	부산	**허 남 식** (@HurNamshik) ※ '10.4.14 개설 부산광역시장(인정 많고 화끈한 부산 갈매기) • 팔로잉 2,502 • 팔로워 2,475 • 리스트됨 182 • 트윗 1,025
광주	**강 운 태** (@cleankwt) ※ '10. 4.1 개설 현재 민선 5기 광주광역시장, 제16대·18대 국회의원, 내무부 장관, 농림수산부 장관, 광주광역시장, 순천시장 • 팔로잉 15,884 • 팔로워 14,464 • 리스트됨 385 • 트윗 558	제주	**우 근 민** (@withwoo) ※ '10.4.6 개설 제주특별자치도지사 우근민입니다. 세계가 찾는 제주, 세계로 가는 제주, 도민이 행복한 국제자유도시를 실현해 나가겠습니다. • 팔로잉 6,369 • 팔로워 6,282 • 리스트됨 961 • 트윗 276

서울시 선관위, 트위터에서 퇴출당하다?

트위터상의 선거운동을 감시해야 할 선관위가 오히려 트위터 계정을 정지당했다. 트위터 본사가 미국에 있다 보니 '계정 정지'된 이유와 과정에 대해 선관위는 정확하게 파악하지 못했다. 다만 "과다 멘션(글)이나 누군가 트위터 고객센터에 고발하는 스팸신고로 조치된 것으로" 추정할 뿐이다.

서울시 선관위는 위원회의 활동을 알리는 계정(seoul1390)과 함께 10.26 서울시장 보궐선거에서 소셜네트워크서비스(SNS) 관련 선거법 등을 안내할 목적으로 트위터 계정(Cyber_1390)을 만들어 운영해 왔다. 그러다 Cyber_1390계정이 2011년 11월 22일 트위터 본사로부터 정지 조치를 당한 것.

트위터 규정에 따르면 한 계정당 하루 1000개 이상 멘션을 하거나 DM(다이렉트 메시지·비밀 쪽지) 250개를 넘으면 계정이 정지당할 수 있다. 선관위 계정은 이를 초과했거나 선관위로부터 고발 조치된 14명의 트위터 이용자 중 누군가 트위터 본사에 선관위 계정을 스팸신고한 것이라는 분석이다.

과정과 결과가 어찌 되었든 선관위가 SNS의 특성을 이해하지 못하고 있다는 지적이 나올 만하다.

위기관리 _ 여론형성 과정과 이슈를 장악하라

기존매체와 사회전반에 대한 신뢰성이 약해지면서 트위터상의 부정적 정보공유의 홍수상황은 갈수록 더 자주, 더 빨리, 더 파괴력 높게 나타나고 있다. 좋은 평판과 많은 지지자를 보유한 기관조차 위기상황에서는 예외가 없다. 반면, 효율적인 대응으로 급격한 긍정적 전환을 경험하는 사례도 나타고 있다. 적극적 대응의 사전·사후 대응기준이 절실한 이유이다.

소셜미디어가 세상을 바꾼다

이런 위기관리 로드맵은 대응전략 구성요소의 구체화, 피해최소화 및 조기복귀 지원, 통합적 대응업무 지원역할에 따라 각각 준비단계 예측단계 발생단계 지속단계 종결 및 평가단계 등 5단계로 나눌 수 있다.

위기 준비단계에서는 모니터링과 소셜분석 방법론의 확보, 소셜미디어 정책의 명확화와 공유, 위기대응 단계별 절차와 운영플랫폼 마련이 이뤄져야 한다. 위기 예측단계에서는 위기요인의 분석, 위기 취약성 평가, 듣기 역량의 강화 및 관계 맺기 활동이 필요하다. 위기발생단계에서는 위기발생 포트폴리오 구성, 오프라인 연계 위기대응팀의 구성, 트위터 위기대응 전략 수립, 위기대응 커뮤니케이션이 실행된다.

위기지속단계에서는 위기상황의 재평가, 대응현황 분석, 억제전략의 수립 등이 진행되어야 한다. 사후위기관리단계는 위기종료의 선언, 단계별 대응 적절성 평가, 제도화 및 내부시스템 보완, 명성관리/회복커뮤니케이션이 구성된다.

트위터상의 크게 확산되는 주요이슈는 누가 결정하는가. 트위터상 주요 이슈는 전체 트윗 중 다수가 리트윗한 메시지가 소수의 파워사용자가 직접 작성한 트윗보다 큰 비중을 차지한다. 트위터상에서 해당 이슈에 대한 여론 주도하는 사용자는 소수에 불과하다. 대부분의 사용자는 리트윗만 하거나 1개만의 메시지를 작성하는 수동적 작성자이다. 모든 트위터 사용자의 의견을 관찰할 필요는 없는 것이다.

트위터에서 이슈화가 증폭되는 시기에는 사용자가 직접 작성량의 증가보다는 리트윗의 비용이 크게 증가한다. 이 시점에 트윗의 수는 작성자의 수에 비례하여 증가하는 것이 아니라 제곱에 비례하여 증가한다. 직접 작성하는 트윗과 리트윗의 양이 전반적으로 증가하지만 직접 작성하는 트윗에 비해 리트윗의 증감폭이 더욱 크게 나타난다. 특히 언론사 링크 트윗이 주요 이슈 관련 트윗량을 일정 수준 이상으로 견인하는 역할을 한다. 언론보도에 대한 지속적인 이슈 관리가 필요한 이유이다.

이슈확산 초기에는 부정적 의견을 확산시킬 수 있는 단정적 대응을 자제해야 한다. 무엇보다 사실관계 파악에 주력, 부정적 확산의 가능성을 낮춘다. 6하원칙에 따라 "누가 언제 어디서 무엇을 왜 어떻게 했나"를 확인 후, 핵심 대응메시지와 함께 후속조치를 발표한다. 부정적 여론이 확산된 네트워크를 파악, 대응메시지를 직접 전달하는 것도 대응의 도달률을 높일 수 있다.

이슈에 대해 효과적으로 대응하기 위해서는 신속한 대응을 할 수 있는 SNS운영자의 역량강화가 필수적이다. 정서적 단어를 적절히 사용하는 등 친근감 있는 접근과 책임 전가보다는 추후 대책을 강조할 수 있어야 한다. 민감한 이슈에 대한 개인 의견 또한 구분한다. 언론에 이슈가 전파되었을 경우, 언론에 대응정보를 적극적으로 제공하는 등 기사에 대응문이 노출될 수 있도록 유도해야 한다.

정책트위터는 기관장의 입장 표명이 위기관리에 효과적이다. 네티즌들에게는 개인의 아이덴티티가 부여되거나 기관장의 신념이 반영된 트윗이 주목도가 높다. 공공기관 정책트위터의 경우 지속적 대응은 안정적이나 이슈 확산 초기 대응은 대체로 미흡하기 때문이다. 오류 정정이나 정책의 당위성을 호소하는 내용을 주를 이뤄 이슈 선점에서 불리할 수 있다. 계도의 느낌을 주는 단정적 트윗은 자칫 네티즌의 공분을 사기 쉬우므로 세밀한 주의가 요구된다.

정책트위터에서는 기관 내 사용자 즉 공직자에 의한 반복 리트윗이 특징적으로 나타난다. 다양한 네트워크로 이슈를 확산시키지 못하는 이유이다. 여러 네트워크와의 관계 맺기를 위해서는 관련 트윗을 찾아 직접적으로 멘션을 남기는 방식이 필요하다.

정책이슈 트윗의 확산력을 강화하기 위해서는 유용한 정보를 객관적으로 신속하게 제시하고, 입장을 간략하게 표명하고, 강한 주장·비난에 대한 확실한 부정·결정적 사건의 노출을 통한 이슈 전환 등이 필요할 때에는 언론 링크와 시각자료를 충분히 활용해야 한다. 책임자의 발언에는 정서적 공감을 불러일으키는 메시지를 강화하는 것도 부정이슈의 조기 차단에 효과적이다.

사과의 7가지 구성요인-statement

• 유감의 표시−유감의 표시는 사과가 아닌 시작점.
• 사과내용의 표현−단순히 미안하다고 표현하기에 앞서 무엇에 대해 사과하는지 명확히 해라.
  예) "관련내용을 바로 말씀드리지 못해 죄송합니다."

• 책임의 인정−실수(mistake)나 잘못(wrongdoing)에 대해서는 자신의 책임을 인정하라.
• 수치심/ 창피함의 표현−실수나 잘못을 인정한 자신에 대해 어떻게 느끼는지 표현하라.
  "예) 공직자로서 책임을 완성하지 못해 부끄럽습니다."

• 재발방지의 약속−해당 잘못과 실수가 재발하지 않도록 노력하겠다는 의지를 분명히 하라.
  예) "다시는 이런 일이 없도록 약속하겠습니다."

• 보상책/ 대책의 제시−사과를 완성하기 위해서는 미안함과 책임감의 표현에서 나아가 보상 · 개선안과 대책을 제시하라.
  예) "여러분의 의견에 귀기울이는 만남의 시간을 월 1회 진행하겠습니다."

• 용서 구하기−용서를 구하는 행위는 사과의 최종 완성단계이다.
  예) "이 문제에 대해 여러분의 너그러운 용서를 부탁드립니다."

7장

소셜커머스 열기

7

소셜커머스 열기

소셜커머스 열풍

티켓몬스터를 비롯한 소셜커머스가 국내에 등장한 지 1년이 지났다. 지난 1년 동안 소셜커머스는 IT업계와 유통업계의 최대 화두였다. DMC미디어의 보고서에 따르면 우후죽순으로 생겨난 업체들의 숫자가 2011년 300여개로 늘어났다. 시장규모도 급성장하고 있는데 2010년 500억 원을 간신히 넘었던 거래액이 2011년에는 3,000억 원을 넘을 것으로 예상되는 가운데 소셜커머스 선두업체인 티켓몬스터와 쿠팡 등은 한 달 거래액이 100억 원을 넘어섰다.

이러한 급성장에도 불구하고 소셜커머스 시장은 불안한 상태다. 싼 가격으로 소비자들의 이목을 끌기는 했지만 제품과 서비스의 질에 대해 사람들이 반신반의하는 실정이기 때문이다. 지금까지 성장만을 위해 달려왔다면 이제는 소비자들의 신뢰제고를 위해 노력해야 한다는 것이 업계관계자들의 말이다. 소비자들의 피해가 눈에 띄게 증가하면서 소비자들이 등을 돌려 시장성장이 둔화될 수 있기 때문이다.

소셜커머스 업체들은 소비자 피해를 최소화하기 위해 7일 환불제를 도입하고 있다. 소셜커머스에 대한 우려에도 불구하고 소셜커머스업체들은 적극적으로 마케팅을 강화하고 있다. 소비자들에게 소셜커머스의 선두주자라는 이미지를 심어주기 위해 다양한 창구를 통한 마케팅 활동과 막대한 비용을 들여 TV광고를 집행하고 있다.

소셜커머스 구매자

우리나라 인터넷 이용자 10명중 6명이 소셜커머스를 한 번 이상 사용해볼 정도로 소셜커머스의 돌풍이 대단하다. 최근 40대 직장인 A씨는 의류브랜드 50% 할인쿠폰을 구입해 싼 가격으로 옷을 마련할 수 있었다. 30대 주부 B씨는 중학교에 재학 중인 자녀를 위해 학용품을 반값에 마련했다.

대한상공회의소의 최근 설문조사에 따르면 20대의 60% 정도가 소셜커머스를 통해 할인쿠폰이나 제품을 구매한 적이 있다고 응답했다. 소셜커머스에 대한 만족도도 응답자의 80% 이상이 만족한다고 답한 반면 불만족한다고 답한 사람은 15% 미만에 그쳤다. 소셜커머스 소비자들이 가장 많이 구입하는 것은 외식상품권이었으며 문화공연티켓, 배달음식, 의류, 여행상품, 화장품 등이 뒤를 이었다.

불만족 사례 가운데 가장 많은 경우는 과다판매로 인한 예약불가 및 수량 부족이었다. 일례로 모 소셜커머스 사이트에서는 테이블이 3개에 불과한 외식업체의 쿠폰을 3000여 장 팔아 문제가 됐었다. 한 소셜커머스업체 관계자에 따르면 시장이 확대되면서 소비자들도 늘어나고 있지만 그에 따른 불만족도 높아지고 있다며 소셜커머스업체들이 소비자들에게 사랑받으며 안

정적으로 성장하기 위해서는 철저한 품질관리가 선행되어야 한다고 밝혔
다.

소셜커머스 판매자

소셜커머스의 확산으로 소셜커머스 업체와 제휴를 통해 영업 전략을 세
우는 자영업자들이 많아지고 있다. 소셜커머스가 자영업자들의 새로운 홍
보수단으로 기여할 것이라 보는 시각이 있는 반면 소셜커머스의 이용이 결
과적으로 수익률 저하를 가져올 것이라는 우려도 존재하고 있다.

소셜커머스의 장점 중 하나는 기존 전자상거래에 들어오지 못했던 다양
한 업자들까지 참여할 수 있다는 것이다. 그 가운데 대표적인 것이 음식점
들이다.

음식점들은 소셜커머스의 확산에 가장 크게 기여를 한 단골 업체들이다.
새로운 음식점을 내고 적당한 홍보 수단이 없던 음식점 주인들에게 소셜커
머스는 구세주와도 같은 존재가 되고 있다. 전단지나 플래카드에 비해 소셜
커머스의 광고 효과는 정말 확실하다고 음식점 주인들은 말한다.

분당에서 음식점을 하는 D씨는 소셜커머스의 광고효과를 톡톡히 본 경
우이다. 전단지나 할인쿠폰이 음식점 개점 후 1회성에 그치는 반면 소셜커
머스를 이용한 홍보는 소비자들이 한 번 방문하고 다시 와서 먹는 경우가
많다고 한다. D씨는 소셜커머스를 이용한 고객에게 재방문시 서비스 음식
을 제공했더니 재방문율이 늘었다며 만족해 했다.

한편 소셜커머스를 이용하는 업체들은 낮은 수익성 때문에 고민에 빠지
기도 한다. 판매 수익이 반으로 줄고 수수료도 내야 하므로 남는 것이 별로
없다는 것이다.

소셜커머스의 주요 판매업체인 음식점 주인들은 이용권을 구입하고 이

를 이용하지 않는 수입에 대해서도 불만을 제기하고 있다. 이용권을 구입하고 이용하지 않는 수입의 80%는 소셜커머스가 차지하고 남은 20%를 결제대행사와 음식점 주인들에게 돌려주는데 이는 재주는 곰이 부리고 돈은 누가 버는 격이라고 음식점 주인들은 말한다.

소셜커머스 업체들도 이러한 업주들의 비판에 귀를 기울이며 부조리를 줄이고 모두가 상생할 수 있는 소셜커머스 구조를 만들어 나가는 것이 필요하다고 입을 모았다.

그루폰의 인기

지난 2007년 노스웨스턴 음대 출신의 젊은 웹디자이너 앤드루 메이슨은 휴대전화를 해지하려다가 회사 측이 복잡한 절차로 막으려고 하자 화가 났다. 생각 끝에 더포인트라는 사이트를 만들어 단체의 힘을 빌어 회사 측에 항의하고 문제를 해결하는 데 도움이 되었지만 돈이 되지는 않았다.

메이슨은 단체의 힘을 물건을 싸게 사는 쪽으로 돌렸다. 여럿이 함께 사면 어떤 물건이든지 싸게 살 수 있지 않겠느냐고 생각을 하게 된 것이다. 메이슨은 이 아이디어를 자기가 다니던 회사 사장에게 설명하고 그 자리에서 100만 달러의 투자를 받는다. 세계 최초의 소셜커머스 기업이 태어나는 순간이었다. 회사 이름은 그룹과 쿠폰에서 따서 그루폰으로 지었다.

2008년 11월 시카고에서 사무실을 낸 그루폰은 입주한 건물 1층의 피자가게 쿠폰을 대량으로 파는 데 성공했다. 첫거래를 성사시킴으로써 아이디어가 실현가능함을 입증한 것이다. 반값 구매는 이후 계속해서 화제를 불러일으켰다. 갭(GAP)의 50달러짜리 상품권을 25달러에 할인해 팔 때는 하루에 445만 건 132억 원의 매출을 올리기도 했다.

소문이 나면서 세계 각국에서 제휴 의뢰가 들어와 그루폰은 현재 44개국

500개 도시에 진출했는데 누적거래액만도 14억 달러에 달한다. 불과 2년 만에 회사가 급속으로 성장하자 여기저기서 눈독을 들이기 시작했다.

2010년에는 야후가 30억 달러에 인수제의를 했고 11월엔 구글이 60억 달러에 회사를 넘기라고 했다. 하지만 메이슨은 두 회사의 제의를 거절했고 그루폰의 주가는 더욱 치솟았다.

그루폰 코리아

2011년 3월 그루폰 코리아는 황희승 그루폰 코리아 공동대표와 맷 재피로프스키 그루폰 인터내셔널 부사장 등이 참석한 가운데 한국법인 론칭 기념식을 갖고 본격적인 영업에 들어갔다. 그루폰 코리아는 출범과 동시에 서울과 수도권 부산 대구 광주 대전 등에서 서비스를 시작했다.

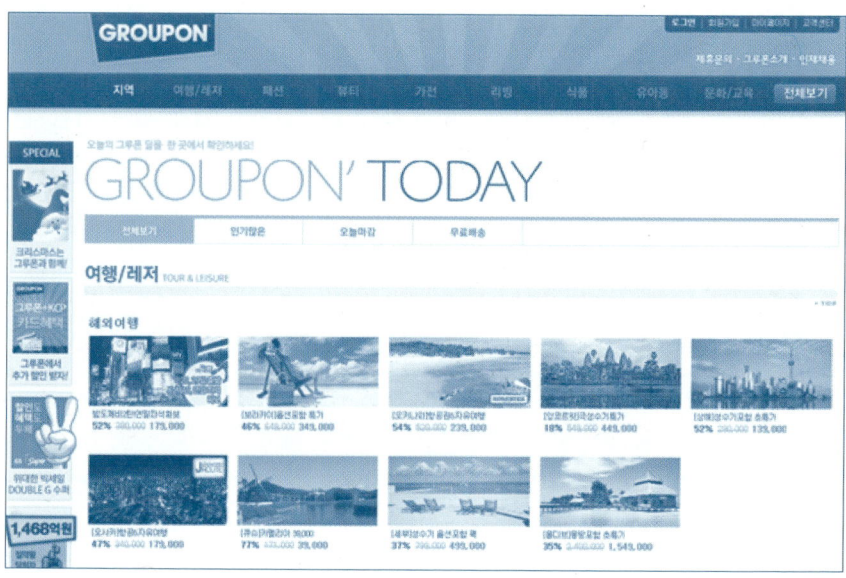

소셜미디어가 세상을 바꾼다

국내에 소셜커머스 서비스가 도입된 지 1년이 조금 넘지만 벌써 300여 업체가 난립할 정도로 경쟁이 치열하다. 그러다 보니 소셜커머스를 이용해 구입한 상품이나 서비스에 불만이 늘어가고 있는데 일부 업체들이 환불조차 제대로 안 돼 소비자들의 불만이 늘어나고 있는 실정이다.

그루폰 코리아는 이같은 국내업계의 현실을 파악해 7일 이내 100% 환불보장을 앞세우며 고객을 유치하고 있다. 황 대표는 본사의 품질관리 시스템과 고객관리 시스템, 운영 시스템 등 3개 시스템을 바탕으로 소비자들의 요구에 빠르게 대응하며 고객만족에 최선을 다해 나가겠다고 밝혔다. 그는 또 소비자 불만을 예방하는 차원에서 파트너 매니지먼트 시스템을 도입해 파트너 회사들이 제휴 이전과 동일한 서비스를 제공하는지를 확인하는 등으로 고객만족도를 높여 나갈 것이라고 밝혔다.

시장에서는 그동안 그루폰이 국내 소셜커머스 업체를 인수할 것이란 소문이 나돌았지만 회사측은 인수합병(M&A)보다는 전문 인력을 스카우트해 시장점유율을 끌어올린다는 목표를 세운 것으로 알려지고 있다.

한편 맷 재피로프스키 그루폰 인터내셔널 부사장은 한국시장이 인터넷 환경이 매우 발달해 있고 시장이 성숙해 있어 회사에서도 큰 관심을 가지고 있으며 그루폰 코리아와 협의해 최대한 지원해 나가겠다고 밝혔다.

그루폰 코리아가 본사의 지원을 전폭적으로 받으며 국내에 들어오자 소셜커머스 업계는 바짝 긴장하고 있다. 티켓몬스터를 비롯해 위메이크프라이스와 쿠팡 등이 주도하며 나머지 군소업체들이 조금씩 시장을 분점하고 있는 상황에서 그루폰의 등장으로 시장이 포화상태에 이를 수도 있기 때문이다.

페이스북 소셜커머스 시장 진출

2011년 4월 페이스북은 샌프란시스코 오스틴 댈러스 애틀랜타 샌디에이고 5개 도시에서 온라인 쿠폰 사업 딜스(DEALS)를 시작한다고 밝혔다. 온라인쿠폰 사업이란 와인, 콘서트티켓 등 서비스나 상품을 저렴한 가격에 이용하는 것이다.

페이스북은 사용자만 6억 명에 달하고 그룹 활동에 익숙한 사용자층이 많아 페이스북의 시장 진출은 경쟁사들에 위협이 될 전망이다. 그러나 그루폰과 리빙소셜을 선두로 해서 미국에서는 크고 작은 수백여 개의 업체들이 경쟁하고 있어 서비스의 차별화가 중요할 것으로 보인다. 페이스북측은 무조건 기존의 업체들을 모방하며 할인에만 매달리지는 않을 방침이며 고객들의 다양한 요구를 반영한 소셜커머스를 구축하겠다고 밝혔다.

티켓몬스터

시작한 지 일 년 만에 월 매출 200억을 돌파하는 기업은 흔치 않다. 이는 국내 벤처 신화로 불리는 네이버나 넥슨이 달성했던 초고속성장을 뛰어넘는 수치이다. 한국의 구글을 표방하며 국내에 혜성처럼 등장한 티켓몬스터가 바로 돌풍의 주인공이다.

티켓몬스터는 세상의 모든 티켓(음식점, 공연, 클럽, 피트니스센터 등)을 최저가로 구매할 수 있게 하는 일종의 공동 구매 서비스를 제공하는 회사다. 이 회사는 2010년 5월 서비스를 시작해 불과 7개월 만에 매출 200억 원을 돌파하고 2011년 들어서는 월 매출 200억 원을 돌파하는 초고속회사로 성장했다.

티켓몬스터는 창업자들이 국내외 유명대학을 나온 20대 중반의 젊은이

들이라는 점에서도 화제를 모았다. 신현성 대표를 중심으로 신성윤, 이지호 등 창업 멤버 5명중 3명은 미국 아이비리그의 펜실베이니아대(유펜) 출신이다. 김동현, 권기현 등 다른 2명은 한국과학기술원(KAIST) 출신이다. 미국에서 대학을 다닌 이들이 한국에서 사업을 시작하게 된 중심에는 신현성 대표가 있다.

신현성 대표는 아홉 살 때 미국에 건너가 유펜 와튼스쿨(MBA)을 졸업하고 매킨지에서 컨설턴트로 일했지만 마음 한구석에서는 사업하는 것을 동경했다. 신 대표는 2009년 미국에서 소셜커머스 업체 그루폰이 성장하는 것을 지켜보면서 한국에서도 이 사업이 될 것이라고 확신했다.

한국에도 비슷한 모델이 있었지만 아직 본격적으로 틀을 갖추고 사업을 하는 곳이 없다는 사실도 그를 자극했다.

티켓몬스터 신현성 대표

2010년 3월 그는 유펜 친구들인 신성윤, 이지호 두 사람을 설득했고 한국에 들어와서는 김동현, 권기현 두 사람도 영입했다.

신현성 대표가 비즈니스에 관심을 갖기 시작한 것은 고등학교 때부터이다. 그는 버지니아 주 인근에 있는 학교 중 과학기술에 특화된 한국으로 치면 과학고등학교에 들어갔다. 인근에서 가장 좋은 학교인 이 고등학교엔 컴퓨터와 인터넷에 매료된 친구들이 많았고 신 대표는 이들과 게임도 만들고 프로그래밍을 익히며 언젠가는 인터넷과 관련된 비즈니스를 해 보겠다는 꿈을 키워 나갔다.

아이비리그 명문인 와튼스쿨에 간 것도 비즈니스를 공부하기 위해서였다는데 와튼스쿨은 창업의 풍토와는 거리가 멀었다. 신 대표가 원했던 것은 경영에 대한 공부였는데 와튼스쿨의 커리큘럼은 재무 쪽에 치우쳐 있었다는 것이 신 대표의 설명이다.

와튼에서도 신 대표는 특이한 존재였다. 두 번이나 창업을 했는데 첫 번째 창업은 망했다. 유펜에 입학하는 학생들에게 빈방을 인터넷으로 소개하고 거래가 일어날 수 있도록 돕는 사이버 복덕방을 시작했는데 시장도 한정

소셜미디어가 세상을 바꾼다

적이고 학생들이 돈이 없다 보니 사업이 번창하는 데 한계가 있었다. 다른 학교로 확장할 계획은 결국 물거품으로 돌아가고 말았다.

반면 두 번째 창업은 성공적이었다. 2007년 창업한 배너 광고 대행업체 인바이트 미디어는 당시에 온라인 광고를 강화하고 있던 구글에 인수된다. 그러나 신 대표는 구글의 인수로 돈을 벌지는 못했다고 한다. 구글에 인수되기 전에 다른 창업자들과 생각이 달라서 가지고 있던 지분을 팔고 나왔기 때문이다.

와튼을 최우등으로 졸업하고 연봉 3억 원을 받으며 글로벌 컨설팅 업체인 맥킨지에 들어가서도 그는 만족하지 못하고 자신만의 사업에 대한 갈등을 느꼈다. 결국 신 대표는 맥킨지를 박차고 나와 한국행을 결심한다. 사업을 해 본다면 한국에서 해 보고 싶다는 평소의 생각을 실행에 옮기기 위해서였다. 부모와 주위 사람들의 반대가 심했지만 7개월만 해 보고 안 되면 다른 직장에 들어가겠다고 약속하고 와튼스쿨 동기와 후배를 데리고 2010년 1월 한국에 날아왔다.

한국에서의 생활은 만만치 않았다. 청담동 골목길에 잡은 숙소에서 친구들과 어떤 사업을 시작할까 고민하기 시작했다. 실리콘밸리에서 뜨는 20개 비즈니스 모델을 4명이 5개씩 나눠 검토하기로 했는데 신 대표가 맨 처음 검토하기 시작한 것이 소셜커머스였다. 우연치고는 커다란 우연이었다.

신 대표는 소셜커머스를 검토하는 과정에서 재미와 가능성을 보고 다른 모델은 검토해 보지도 않고 친구들을 설득해서 티켓몬스터를 시작한다. 숙소를 사무실 삼아 5월 티켓몬스터를 창업하고 티켓몬스터에 제품이나 서비스를 판매하려는 회사를 찾아다녔다.

당시 한국에는 소셜커머스라는 개념이 부재하다 보니 비즈니스 모델을 이해시키기가 어려웠다. 어렵사리 서울타워를 계약자로 끌어들였지만 소셜커머스의 마케팅효과를 의심한 서울타워측의 철회로 결국 무산되고 말았다.

우여곡절 끝에 티켓몬스터와 처음으로 계약한 측은 맥주체인점의 음료와 음식패키지 상품이었다. 120개의 티켓은 몇 시간 만에 팔려나갔고 신 대표는 신이 나서 다른 계약자를 찾아 나섰다. 티켓몬스터는 판매되는 상품마다 매진을 시키더니 창업 6개월 만에 매출 100억 원을 기록하고 한 달 뒤에 다시 100억 원의 매출을 올렸다.

신 대표는 아직도 티켓몬스터가 성장할 여지가 크다고 생각한다. 현재 15개의 서비스 지역을 2011년까지 50개로 확장해 2000억 원의 매출을 올릴 계획이다.

그의 주된 업무는 티켓몬스터를 통해 제품을 판매하겠다는 업체들과 만남을 갖는 일이다. 만남만 해도 하루에 10건은 기본이고 제휴문의만도 하루에 100건 이상이 들어오지만 이중에서 10건 정도만 엄선해 계약한다고 한다.

신 대표가 생각하는 엄선하는 계약조건은 티켓몬스터를 단순히 매출증대를 위한 수단으로 생각하는 업체는 제외하고 소비자들에게 좋은 경험을 제공하겠다는 정신을 가진 제품을 제공하는 기업이다.

매출증대만을 목표로 하는 업체가 수익에만 관심을 기울이고 서비스나 제품 질에는 관심을 덜 기울이는 반면 좋은 경험을 제공하겠다는 쪽은 제품과 기업홍보에 관심을 기울이고 서비스나 제품 질에 지속적으로 관심을 기울이기 때문이다. 후자를 선택하는 것이 기업과 소비자 티켓몬스터 모두에 이익이 된다는 것이 신 대표의 말이다.

신 대표는 이러한 점을 인식하지 못하는 소셜커머스 업체들은 위기를 겪을 것으로 내다봤고 신 대표의 예언대로 이미 150~200개의 소셜커머스업체중 많은 수가 소리 소문 없이 사라지고 있다.

최근 소셜커머스 업체들이 마케팅 플랫폼을 확장하는 데 열을 올리는 가운데 티켓몬스터는 티몬 매거진이라는 라이프 스타일 무가지를 활용한 마케팅에 나서고 있다.

티켓몬스터의 진영길 마케팅 커뮤니케이션 팀장은 지난 1년 동안 먹을 거리, 볼거리, 놀거리에 대한 방대한 양의 콘텐츠를 축적해 왔고 이러한 양질의 정보를 소비자들에게 제공하여 보다 나은 소비생활에 보탬이 되고자 매거진을 창간했다고 밝히고 있다.

티몬매거진은 매월 마지막 주 화요일 5만부씩 서울 시내 30개 주요 지하철역에서 배포되고 있다.

SNS-소셜커머스 제휴

국내 최대 소셜네트워크 서비스인 싸이월드와 1위 소셜커머스업체인 티켓몬스터가 손을 잡았다. 2011년 4월 티켓몬스터는 싸이월드 브랜드 C로그를 개설했다. 싸이월드 브랜드 C로그는 싸이월드의 새로운 SNS인 C로그의 법인용 플랫폼이다.

SK컴즈의 3300만 명 회원을 대상으로 기업이나 단체가 이벤트, 쿠폰제공, 공동구매알림 등을 할 수 있다. 위치기반 서비스와도 연동이 가능해 소셜커머스 업체들이 효과적으로 마케팅을 펼칠 수 있다. 특히 브랜드 C로그는 모바일에서도 편리하게 이용할 수 있어 최근 확대되고 있는 스마트폰과 태블릿 PC 이용자들을 끌어들일 수 있다.

양측의 만남이 관심을 끄는 이유는 시너지 효과 때문이다. 티켓몬스터는 플랫폼이 없다는 약점으로 인해 '소셜하지 못하다'는 비판을 받아왔다. 실제 티켓몬스터와 쿠팡, 위메이크프라이스 등 국내 상위 소셜커머스 업체들은 SNS보다는 막대한 돈을 투자해 TV와 포털에 광고를 하는 방식으로 사이트를 홍보해 왔다.

이런 가운데 SK컴즈가 직접 소셜커머스 시장에 뛰어들기보다는 기존 네트워크를 활용해 법인 플랫폼을 제공하는 방향으로 시장 진출을 준비하면서 양측의 이해가 맞아떨어진 것으로 풀이된다. SK컴즈는 법인에 플랫폼을 제공하고 소셜 플러그인을 활용해 지인들에게 입소문을 내는 방향으로 소셜커머스 진출을 준비해 왔다. 현재 브랜드 C로그는 기업 및 법인들의 입소문을 타고 큰 호응을 얻으면서 6150개 업체가 이용하고 있다.

소비자 피해 극심

소셜커머스의 성장과 함께 소비자 피해도 증가하고 있다. 부실한 서비스, 환불과 사용기간 제한, 영세업체의 부도 또는 사기 위험 등이 그것이다. 이처럼 소비자 피해가 증가하는 이유는 정부의 규제안이나 법안이 명확하지 않기 때문이다.

현재 소셜커머스업체는 통신판매중개사업자로 분류된다. 통신판매업중개업자는 재화를 사고 팔 수 있는 장소를 제공하는 역할만 담당하기 때문에 판매한 상품의 질에 대해서는 책임질 의무가 없다.

한편 중개업체이기 때문에 시장진입 장벽이 낮은 것도 문제점으로 지적되고 있다. 경쟁력 없는 소셜커머스 업체들 때문에 소비자 피해가 발생한다는 것이다.

업체끼리의 경쟁에서 우위를 점하기 위해 과장광고나 허위광고를 하는 일이 비일비재하고 이로 인해 소비자들이 구매한 상품이나 서비스를 제대로 사용할 수 없는 상황도 발생하고 심지어는 문을 연 지 얼마 되지 않아 문을 닫은 소셜커머스에서 상품을 구매한 소비자는 구제받을 길조차 없는 상황이다.

소셜커머스로 인한 소비자 피해가 속출하고 있는 가운데 공정거래위원회도 문제 해결을 위해 노력하고 있다. 공정거래위원회는 소셜커머스 업체의 법적 성격을 명확히 해서 전자상거래소비자보호법상 소셜커머스 업체

BEST 1

'way

오늘마감 12.13 ~ 01.20

[제주] 티웨이 제주 편도항공권

85% ~~65,600원~~
9,900원   4,215명 구매

BEST 2

매진임박!

POPEYES

오늘마감 서울 ~ 부산 등 전국

[전국] 파파이스

46% ~~9,300원~~
5,000원   91,800명 구매

BEST 3

매진임박!

がってん寿司

바로사용 강남점 외 3개지점

[4개지점] 갓덴스시

20% ~~20,000원~~
16,000원   9,858명 구매

BEST 4

무료배송 무료배송!

무료배송! 올 겨울 모든 방한복

ONLY TMON
28,800원   755명 구매

BEST 5

오늘마감

마미포코 팬티형 기저귀

ONLY TMON
10,500원   6,347명 구매

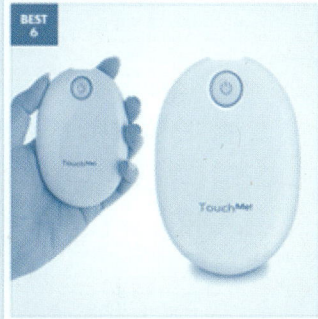

BEST 6

TouchMe!

터치미 손난로

29% ~~39,000원~~
27,800원   749명 구매

BEST 7

유아동 패딩부츠 21종

33% ~~44,900원~~
29,900원   3,647명 구매

BEST 8

스노우체인 초특가전

47% ~~56,000원~~
29,800원   1,405명 구매

BEST 9

매진임박!

ONLY TMON

Soiree
BLACK label

무료배송 무료배송!

티몬단독 천연양모 소가죽 부츠&로퍼

ONLY TMON
24,900원   3,590명 구매

들이 소비자보호를 위한 의무를 이행해 나갈 수 있도록 필요한 조치를 준비하고 있다. 소셜커머스 업체들의 환불규정 직권조사와 소셜커머스 업종에 대한 유권해석 등이 그것이다.

통상 오픈마켓에서 구입한 상품은 7일간의 환불기간이 있지만 소셜커머스에서 구입한 상품은 2일 정도의 환불기간이 있다.

소셜커머스의 환불기간이 짧은 이유는 공동구매라는 거래방식을 채택하고 있기 때문이다.

현행 전자상거래 등에서의 소비자보호에 관한 법률 17조 1항에 따르면 통신판매업자와 재화 등의 구매에 관한 계약을 체결한 소비자는 7일 이내에 계약에 관한 청약철회가 가능하지만 소셜커머스는 통신판매업자로 분류되어 있지 않아 법을 위반해도 처벌할 방법이 없다.

따라서 전자상거래법을 개정하여 소셜커머스의 중개책임과 면책사유를 강화하게 되면 공정거래위원회의 유권해석과 관계없이 소셜커머스업체들도 법안의 적용을 받게 되어 소비자들의 피해를 막을 수 있게 된다.

소셜커머스의 미래

최근 소셜커머스 업체들은 지역기반서비스를 확장해 나가고 있다. 향후 소셜커머스는 지역기반 사이트의 형태로 발전해 나가 온오프라인과 모바일을 아우르는 새로운 형태의 광고—마케팅 플랫폼으로 자리 잡게 될 전망이다.

향후 소셜커머스 업체들은 매스미디어의 광고처럼 온라인 마케팅 플랫폼으로 성장할 것으로 보인다. 스마트폰의 보급 확산으로 소셜커머스 시장의 성장은 상상할 수 없을 만큼 폭발적일 것으로 예상된다. 스마트폰의 보급률이 높아지고 모바일 결제가 쉬워지면 지역기반 상품과 서비스의 판매가 더 늘어날 것이라는 주장이다.

　소셜커머스 업체들은 지역을 기반으로 서비스를 확장하면 소비자들이 자기가 사는 지역의 상품과 서비스를 매일매일 손쉽게 찾을 수 있고 이러한 지역 확장이 더욱 빠르게 진행되는 형식으로 소셜커머스는 확장되어 나갈 것이라고 티켓몬스터의 신현성 대표는 말한다.

8장

소셜게임 전쟁

8

소셜게임 전쟁

소셜게임 플랫폼을 잡아라

모바일 플랫폼 경쟁이 본격화되고 있다. 모바일 게임플랫폼이란 게임과 더불어 소셜기능까지 갖춘 서비스다. 게임을 하면서 친구들이 즐겨 하는 게임목록을 확인할 수 있고 같은 게임 속에서 친구들의 게임을 도와주는 것도 가능하다. 쪽지나 채팅 프로필 관리 등 네트워킹 서비스 역할까지 하기 때문에 해외에서는 이미 대세로 자리잡았다.

포털사인 SK컴즈의 네이트 앱스토어가 모바일 앱스토어를 오픈한 데 이어 삼성전자의 갤럭시 S2에도 삼성전자의 독자 플랫폼이 탑재될 것으로 알려졌다. 온라인 게임업체뿐 아니라 포털사도 이에 합류해 모바일게임 플랫폼 경쟁이 본격화할 전망이다.

소셜미디어가 세상을 바꾼다

갤럭시 S2

삼성전자에 따르면 스마트폰 갤럭시 S2에 탑재될 게임허브 기능은 미국의 소셜게임업체 엔지모코사와의 제휴를 기반으로 한 일종의 게임 플랫폼이다. 지난해 엔지모코를 인수한 일본 최대의 소셜게임업체 데나와 손잡고 소셜게임 플랫폼개발 계획을 발표한 삼성전자가 선보이는 첫 번째 작품인 셈이다. 게임허브를 이용하면 손쉽게 스마트폰 게임을 다운받을 수 있고 특히 게임로프트, 모바게타운의 소셜게임 등을 무료로 이용할 수 있다고 설명했다. 다만 게임허브 탑재는 해외 출시 모델에만 한정돼 국내 모델 탑재 여부는 이동통신사와 협의를 통해 결정할 예정이다.

휴대폰 제조사뿐 아니라 포털을 비롯해 온라인 게임업체 이동통신사까지 모바일게임 플랫폼 사업에 나서고 있다. SK컴즈는 2011년 4월 웹에서 제공하던 자사의 소셜게임 플랫폼 네이트 앱스토어를 모바일로 확대한다고 밝혔다. 2009년 출시된 네이트 앱스토어는 웹 기반 소셜게임 플랫폼으로 앱 개발업체 80개 업체가 등록돼 있으며 누적 사용자수 400만 명이 넘는 국내 최대 규모의 플랫폼이다.

네오위즈인터넷은 2011년 4월 모바일게임 플랫폼 시장에 진출한다고 밝혔다. 네오위즈 인터넷은 피망플러스라 명명된 모바일게임 플랫폼을 통해 올해 말까지 100여 종 이상의 게임 앱을 출시 1000만 명의 가입자를 유치한다는 구체적인 목표도 내놨다. 이동통신사인 KT도 국내 게임사들을 위한 모바일게임 플랫폼을 제공하고 같은 플랫폼의 게임들을 노출시켜 홍보효과를 높이기 위한 케이파크를 개발중이다.

이같은 여러 업체들의 모바일게임 플랫폼 시장 진출은 소셜네트워크 서비스의 인기에도 불구하고 국내에 아직 활성화되지 않은 소셜게임 시장을 모바일게임 플랫폼을 통해 장악하려는 의도로 보인다. 또한 모바일게임 플랫폼에 제한이 됐던 게임법 개정안이 통과된 것도 늘어나는 모바일게임 플랫폼 확산의 주된 원인으로 작용하고 있는 것으로 알려졌다.

소리 없이 뜨거운 소셜네트워크 게임 전쟁

유저들의 상호작용과 커뮤니티를 내세운 소셜네트워크 게임(SNG)이 뜨고 있다. 2010년에 다양한 종류의 소셜네트워크 게임들이 서비스 또는 테스트를 시작한 데 이어 연내 서비스를 목표로 하는 신작 SNG들도 정보를 공개하고 있다.

현재 북미에서 높은 인기를 얻고 있는 SNG로는 플레이 피쉬에서 개발한 '펫소사이어티'나 징가에서 만든 '팜빌' 같은 게임을 꼽을 수 있다. SNG들은 대부분 단독으로 서비스되지 않고 페이스북이나 마이스페이스 같은 유명 소셜네트워크 서비스에서 일종의 부가 서비스 형태로 설치되어 운영되고 있다. 한편 북미의 SNG들은 유저들이 상호작용하면서 한두 가지의 단순한 과제를 끊임없이 해결하는 단순한 구성을 보여준다. 그래픽도 우리나라 온라인 게임을 기준으로 보면 그렇게 좋은 편이 아니다.

소셜네트워크 게임 펫소사이어티

반면에 국내 개발사들이 만드는 SNG의 대부분은 MMORPG(Massively Multiplayer Online Role Playing Game · 다중접속 역할수행게임)같은 온라인 게임의 틀을 유지하고 있다. 그리고 그 안에서 다양한 콘텐츠를 제공하려고 한다. 최근 누구나 참여할 수 있는 베타테스트를 시작한 벡슨별 같은 게임이 대표적이라고 할 수 있다.

그러나 우리나라에서 만드는 SNG들이 모두 기존 온라인 게임의 형태를 취하고 있는 것은 아니다. 실제로 싸이월드나 네이트 같은 유명 SNG—포털 사이트에서는 가볍게 다른 유저들과 상호작용하면서 즐길 수 있는 게임들이 꾸준히 나오고 있다.

여성가족부(2013)는 전국의 초, 중학교 1,500명을 대상으로 인터넷게임이용
실태를 조사했다. 응답자들이 현재 이용하고 있는 게임의 종류를 최대 10개까
지 작성하도록 했다. 그 결과 1위는 메이플 스토리, 2위는 바운스볼, 3위는 애니
팡이 차지했다. 서든 어택, 마인 크래프트, 드래곤 플라이트, 모두의 게임, 카트
라이더, 리그오브레전드가 그 뒤를 이었다. 이 중 바운스볼, 애니팡, 드래곤 플
라이트, 모두의 게임은 스마트폰용 게임이다. 이 같은 결과는 스마트폰용 SNG
게임이 청소년들에게 점차 확산되고 있음을 잘 보여주고 있다. 특히 선데이토
즈가 개발한 애니팡은 제한시간 1분 동안 스마트폰 화면을 터치, 드래그하여 같
은 동물모양 3개씩 짝을 맞추면 점수가 올라가는 방식인데 카카오톡과 연동하
여 카톡 친구들과 순위를 매길 수 있어 청소년뿐 아니라 성인들에게도 인기다.

출처 : 여성가족부(2013). 청소년의 인터넷게임이용실태조사.

카카오톡과 애니팡

2012년 7월 30일 오픈한 카톡게임은 불과 8개월여 만에 숱한 '국민게임'
을 배출했다. '애니팡' '캔디팡' '드래곤 플라이트' '윈드러너' 아이러브
커피' '다 함께 차차차' 등 2000만 명 가까이 즐기는 게임이 줄을 이어 나왔
다. 비결은 역시 카카오톡에 저장된 실제 친구를 활용한 소셜 기능을 접목,
평소 게임을 즐기지 않던 다양한 연령층을 끌어들인 덕분이다. 머리 희끗희
끗한 중·노년층이 스마트폰을 열고 게임에 열중하는 장면을 지하철에서
보는 것도 이젠 낯설지 않을 정도다

누구나 쉽게 즐긴다는 것은 게임이 그만큼 쉽다는 의미다. 결국 게임성이
단순할수록 히트할 가능성이 높다는 의미로 해석할 수 있다. 그동안 빅히트
를 기록했던 게임들을 살펴보면 남녀노소 누구나 쉽게 즐길 수 있는 게임들

이었다. 히트한 게임 대부분이 20~30년 전 유행했던 오락실 게임을 스마트폰으로 옮겨놓았을 뿐이란 얘기가 그냥 나온 것이 아니다.

모바일 게임의 성공신화를 가능하게 한 주인공은 전 국민적인 메신저 열풍을 일으킨 '카카오톡'이 있었기에 가능했다. 국내 최대 모바일 플랫폼으로 자리잡은 카카오톡은 네이버, 페이스북과 어깨를 나란히 하고 있다. 이미 카카오톡 게임하기를 통해 모바일 게임 시대에 가장 중요한 플랫폼으로 부상했다.

랭키닷컴의 집계에 따르면 카카오톡의 주간 이용자수는 약 2932만 명에 달한다. 카카오톡 해외 가입 및 이용자 수를 감안하면 인구 절반이 카카오톡의 유효 이용자인 셈이다. 스마트폰 열풍에 힘입어 시간과 공간의 제약에서 자유로운 무선인터넷 기반의 서비스가 헤게모니를 장악했고, 이에 맞춰 콘텐츠를 공급하고 새로운 부가가치를 창출하는 기회의 장이 열린 것이다. 그리고 그 첫 수혜를 게임 업종이 차지했다.

카카오톡을 통해 서비스된 애니팡 등 인기 게임들의 이용자 수는 카카오톡 유효 이용자들의 80~90% 가량이나 된다. 이처럼 대규모의 카카오톡 사용자들을 단기간에 게임 사용자로 끌어들일 수 있다는 점은 큰 파괴력을 갖는다. 카카오톡 인기게임들 중 월 매출 100억 원을 넘는 기업들이 속출하고 있는 이유도 이 같은 카카오톡의 파괴력 때문이다.

전체 가입자 대비 부가서비스 이용률, 부가서비스의 매출액을 통해 비교하면, 카카오톡 게임 플랫폼은 10억 명의 가입자를 확보한 페이스북 소셜게임보다 훨씬 더 '알짜'라는 것이 중론이다.

NHN의 공동창업자이자 카카오의 설립자인 김범수 의장은 "무선인터넷에선 유선인터넷과 다른 특화된 서비스가 필요한데 유선 기반 서비스의 축소판을 모바일로 이식하려는 시도는 현명하지 못하다"며 "3년내 100만 개의 콘텐츠 파트너사와 연계해 그 파트너들이 모두 수익을 내게 하는 것이 목표"라고 밝힌 바 있다.

최근 NHN의 소셜메신저 플랫폼, '라인'은 현재 일본과 동남아를 중심으로 1억 명을 상회하는 가입자를 확보하며 그 가능성을 확인하고 있다. 특히 라인을 통해 탑재된 '라인 버블'과 '라인 팝'등은 플랫폼 파워에 힘입어 국산 모바일게임의 '무덤'으로 꼽히던 일본 시장에서 차트 최상위권에 오르는 기염을 토하고 있다. 라인은 국내 인터넷벤처 업계의 '숙원'이던 해외시장 정벌에 성공한 첫 번째 서비스라는 평가를 받고 있다.

전문가들은 "모바일 열풍을 메신저 플랫폼이 주도하면서 인터넷 시장구도가 급속히 바뀌었다"고 진단했다. 게임시장에서 소수 인력의 벤처가 '신화'를 쓰는 것이 가능해졌고 카카오톡이라는 자극제가 대형 포털을 각성시켜 불가능해 보였던 해외시장 진출이 가능해진 것이다. 이와 같은 변화가 인터넷 벤처 생태계의 진화를 어떠한 방향으로 이끌지, 제3의 인터넷 벤처 붐은 어떤 형태로 전개될지 주목된다.

소셜게임 개발 전략

SNG는 게임 자체가 목적인 일반 온라인 게임과는 달리 모든 연령층의 사용자를 대상으로 한다. 또 해당 소셜네트워크 서비스 사용자간의 친밀감과 동질성을 증대시키는 것이 특징이다.

SNG는 얼굴도 모르는 온라인 유저가 아닌 실제 친구들이 유저의 기반이 된다. 친구에게 선물을 주는 등 상호작용을 꾸준하게 유발시켜 유저들이 다른 친구들을 끌어 모으는 입소문 효과를 만든다. 이런 효과가 지속적으로 일어나면서 유저들이 꾸준히 늘어나게 된다. 그래서 SNG는 게임을 즐기지 않는 SNS유저들도 플레이할 수 있도록 진입장벽을 낮춰 미니 게임 형식으로 제작된다. 이후 소셜네트워크를 통해 게임을 플레이하는 유저가 다른 SNS유저들을 게임으로 모을 수 있도록 만든다.

국내 SNG개발사의 형태는 네 가지로 분류된다.

이전에 온라인 게임이나 모바일 게임을 개발하던 개발사가 소셜게임으로 전환한 형태, SNG공개와 함께 개발을 시작한 신규개발자 그리고 개인 개발자로 나눠진다. 이러한 형태에 따라 SNG개발은 각각 다른 어려움을 안고 있다.

먼저 온라인 게임 개발사는 규모를 축소하는 부분에서 어려움을 느끼고 있다. 적게는 수십에서 많게는 수백 명의 개발자들이 함께 개발하는 방식에서 5~6명이 소규모로 게임을 제작하는 방식으로 넘어가다 보니 팀을 어떻게 구성해야 할지 모르는 경우가 많았다. 또한 온라인 게임의 개발자들은 자신만의 특화된 분야를 전문으로 하다 보니 SNG에서 포괄적으로 맡아야 하는 부분을 힘들어 했다.

모바일 게임 개발사들은 처음 SNG를 개발하면서 모바일 게임과 다르지 않다고 여긴다. 그러나 모바일 게임 개발자들은 모바일 게임과 달리 SNG는 서버가 매우 중요하다는 것을 인식하지 못하는 경우가 많다.

모바일 게임은 대부분의 게임 내용이 단말기에서 이뤄지지만 SNG는 대부분의 게임 정보가 서버에 저장되고 이를 토대로 게임이 이뤄지는 구조이기 때문에 서버와 클라이언트의 관계에 대해 많은 질문이 있었다. 신규개발자의 경우 5~6명의 멤버들이 SNG를 개발하기 시작하고 게임 개발의 리스트를 개발자가 관리하게 되기 때문에 치밀한 계획을 세우기 힘들고 외주작업에 대한 관리가 힘들다. 개인개발자는 모든 개발을 혼자 해야 한다는 부담감이 크며 다른 게임들과 달리 SNG를 지속적으로 운영을 해야 하기 때문에 이에 대한 생각도 미리 해야 한다.

소셜게임의 개발 사이클은 기획-제작-심의-라이브-운영의 5단계를 거친다. 게임 제작을 시작한 후 심의를 받기까지 걸리는 시간은 한 달에서 세 달 정도 소요된다. 개발시간이 그 이상 걸리면 게임의 트렌드가 지나가 버릴 우려가 있기 때문이다.

국내 '소셜네트워크 게임(Social Network Game)' 이 본고장인 북미와 유럽 등 해외 시장에서 선전을 하고 있다. 앞서 언급한 대로 SNG는 새로운 형태의 온라인 게임 서비스로 페이스북, 트위터 등 소셜네트워크 서비스(SNS)의 장점에 게임의 재미를 접목시킨 것이다.

북미와 유럽에서는 3년 전부터 SNG가 인기를 끌기 시작했지만 국내에서는 SNG가 주목을 받기 시작한 것이 불과 1년도 채 되지 않았으며 '싸이월드 앱스토어', '네이버 소셜앱스' 등 SNG 플랫폼이 만들어지면서 시장이 태동하고 있다.

개인의 소셜 네트워크를 활용해 강력한 파급력을 가진 SNG는 이미 징가

소셜네트워크 게임 트레인시티

의 '팜빌', 엔지모코의 '위룰' 등 세계적으로 다양한 성공사례를 남기며 매년 큰 폭의 성장을 하고 있는 새로운 시장이다. 2010년 세계 SNG 시장은 약 8억 달러, 2011년은 10억 달러, 2012년에는 12억 달러를 초과할 것으로 전망되는 등 세계 SNG 시장 규모는 급증하고 있다.

관련업계에 따르면 국내에서는 2011년 초부터 대기업부터 신생개발사들에까지 SNG 열풍이 불면서 글로벌 기업들의 국내 진출에도 불구 꿋꿋하게 맞서고 있다. 또 이제 걸음마를 뗀 수준에서 이제는 해외시장에서도 눈길을 끄는 성적표를 내고 있다.

게임빌은 자사의 SNG '트레인시티'가 페이스북에 진출한 한국 게임으로는 최초로 누적 이용자가 400만 명을 돌파했다고 밝혔다. 이 게임은 지난 4월 월이용자수(MAU)가 100만 명을 돌파해 화제를 모으기도 했다. 이같은 기록은 한국 게임사가 페이스북에 진출해 거둔 이례적인 성과로 국내외 SNG 시장에 발 빠르게 진입하고 공략해 자생력을 갖춘 것으로 평가받고 있

소셜네트워크 게임 롤더스카이

다.

　SNG는 친구들 간의 상호관계를 촉진시키는 매개체 역할을 하므로 '소셜 플랫폼'의 생성과도 밀접한 관련을 가지고 있다. 게임빌 역시 자체 모바일 전용 소셜네트워크 플랫폼인 '게임빌 라이브'에 SNG '촉앤톡'을 적용하고 해외 앱스토어에 출시했다.

　JCE의 SNG '룰 더 스카이' 역시 연일 승승장구하고 있다. 룰 더 스카이는 모바일 기반의 SNG로 애플 앱스토어, 구글 안드로이드마켓, SK텔레콤 T스토어 등에서 다운로드 받을 수 있는데 전세계적으로 100만 다운로드를 넘어서며 가파른 상승세를 나타내고 있다.

　이 게임은 한국어, 영어, 중국어, 일본어, 독일어, 프랑스어, 스페인어 등 7개의 언어를 지원하며 해외에서 국산 모바일 SNG의 위력을 보여주고 있는 것. 역시 JCE 자체 소셜게이밍 플랫폼인 '네스트(Nest)'에 탑재돼 보다 편리한 커뮤니케이션을 돕는다.

　컴투스 역시 글로벌 시장을 겨냥한 다양한 스타일의 신작 SNG를 출시해 글로벌 SNG 시장의 새로운 히트작이 나올지 기대를 모으고 있다. 또한 컴투스는 기존의 모바일 소셜 플랫폼 기능을 뛰어넘는 새로운 유저 서비스를 탑재한 '컴투스 허브'를 최근 발표했다.

　국내와 해외에서 SNG 열풍이 불고 있는 까닭은 개발까지 오랜 시간이 걸리고 막대한 비용을 투자해야 하는 기존의 대규모 온라인게임과 달리 상대적으로 짧은 개발기간과 적은 비용이 소요되기 때문이다.

　SNG의 플랫폼 유형으로는 크게 PC온라인(웹) 기반, 모바일 기반으로 나눌 수 있는데 스마트폰의 보급과 함께 유저간 서로 메시지를 주고받을 수 있고 캐주얼한 SNG의 성격상 궁극적으로 모바일 기반 서비스로 귀결될 것이라는 관측도 나왔다.

소셜게임계의 구글 '징가'

징가의 창업자인 마크 핀커스는 1966년 2월 13일 시카고에서 태어난다. 그는 펜실베니아대학에서 경제학을 전공한 후에 은행에서 애널리스트로 일하게 된다. 핀커스는 홍콩으로 넘어가서 아시안 캐피탈 파트너스라는 회사에서 2년긴 근무를 하기도 했다.

미국에 돌아온 그는 하버드대학교의 MBA를 졸업하고 현재 AT&T 케이블이 된 TCI에서 매니저로 일을 하다가 콜롬비아캐피탈로 자리를 이동하게 된다.

그러나 핀커스는 회사를 다니면서 제대로 성공한 적이 없었고 콜롬비아

징가 창업자 마크 핀커스

캐피탈에서도 쫓겨나게 되자 결국 직접 회사를 창업하기로 마음먹는다.

핀커스는 1995년 중요한 정보들이 발생할 때마다 이를 인터넷으로 즉시 전송해 주는 푸시기술을 바탕으로 프리로더라는 회사를 창업하고 시작한 지 단 7개월 만에 3,800만 달러에 회사를 매각하는 수완을 발휘한다. 1997년에는 다시 소프트웨어를 공급하고 서비스하는 서포트닷컴을 창업하고 2000년 상장에 성공한다.

하지만 회사에 돈을 투자한 벤처 캐피탈 업체의 계속되는 간섭에 회의를 느낀 핀커스는 세 번째 회사인 트라이브 네트웍스를 창업하게 된다. 커뮤니티 기반의 소셜네트워크 서비스였지만 큰 성공은 거두지 못하였고 결국 2007년 여러 기술 자산들을 시스코 시스템즈에 넘기게 된다.

핀커스는 이후 네 번째 회사를 설립하게 되는데 그 회사가 바로 오늘날 '소셜 게임의 구글'이라고 불리는 징가다. 징가는 비상장 주식이지만 뉴욕 타임스의 보도에 의하면 시장가치가 대략 100억 달러에 이를 것이라고 한다. 세계 1위의 소프트웨어 회사인 액티비전 블리자드의 129억 달러에는 부족하지만 65억 달러인 일렉트로닉아츠의 가치는 훌쩍 뛰어넘는 기록이다.

징가는 페이스북 성공의 일등공신이라고 할 수 있다. 왜냐하면 페이스북의 킬러 콘텐츠가 바로 징가의 게임이기 때문이다. 징가의 게임을 즐기는 사람들이 매달 2억 1,500만 명이나 되니 징가 그 자체가 페이스북에서 차지하는 비중은 어마하다고 할 수 있다.

2010년 초반 페이스북과 징가 사이가 삐거덕거린 적이 있었다. 페이스북에서는 자사의 결제수단인 페이스북 크레디트를 이용하도록 되어 있는데 이를 통해서 사용자들이 결제를 하면 페이스북이 매출의 30%를 수수료로 가져가게 된다. 징가는 페이스북에 30%나 되는 수수료를 주고 싶지 않았기 때문에 페이스북을 배제한 독자적인 게임 서비스를 계획한다.

징가는 몇 개의 게임을 중단시키면서까지 페이스북을 강력하게 압박한다. 그리고 이들의 결별설이 계속 흘러나오더니 2010년 5월 전격적으로 5년

소셜미디어가 세상을 바꾼다

간을 기한으로 하는 파트너 계약을 맺게 된다. 이 계약으로 두 회사가 더 밀접해지기는 했지만 구체적인 계약내용은 밝혀지지 않고 있다. 단지 30%의 수수료문제에 대해서 징가에게만 특혜를 준 것이 아니냐는 추정만 할 뿐이다. 페이스북과 징가의 계약은 징가의 위상을 재확인시켜 준 사건이라고 할 수 있다.

2010년 웹 2.0 서밋에 참가한 마크 수커버그는 아이폰과 아이패드에서 게임들이 가장 먼저 성공한 분야였고 PC시장의 초창기에도 게임 때문에 사람들이 컴퓨터를 구입하였음을 언급한 바 있다.

이렇듯 페이스북 성공의 중심에는 징가의 게임들이 있다. 이처럼 새로운 플랫폼이 생겨날 때는 게임이 결정적인 공헌을 하고 게임이 큰 수혜를 입게 마련인 것이다.

게임빌

게임빌은 한 순수청년의 열정과 패기를 기반으로 설립된 회사다.

이 회사 송병준 대표가 몇몇 지인들과 함께 "도전해 세계 최고가 되자"는 생각 하나로 창업에 나섰기 때문이다. 대학 벤처창업 동아리 회장 활동을 하는 등 젊을 때부터 창업을 꿈꾼 그는 2000년 '게임빌' 설립을 결정하고 행동으로 옮긴다.

송 대표는 "순수과학을 좋아했던 만큼 어릴 적 교수나 연구원이 되길 꿈꿨다"며 "대학 재학시절 벤처 1세대인 휴맥스 변대규 대표와 메디슨 이민화 전 회장의 강연을 듣고 창업에 눈 뜨게 됐다"고 당시를 회상했다.

이후 약 9년이 흘렀고 게임빌은 국내 굴지의 모바일게임 업체로 발돋움했다. 모바일업계에서 항시 선두 자리를 다툴 정도다. 지난해 매출액만도 153억7800만 원. 또 62억3900만 원의 영업이익 및 52억8000만 원의 당기순

이익을 기록했다. 송 대표의 열정과 한눈팔지 않는 '한우물' 경영이 빛을
본 셈이다.

시작은 쉽지 않았다. 빈손으로 시작한 만큼 경험 미숙 등으로 여러 번 시
행착오를 겪었다. 특히 창업 당시 벤처붐으로 투자자금 확보는 다소 용이했
지만 자금 및 임직원 관리 부문에서 벽에 부딪혔다. 송 대표가 인력 관리 및
자금 집행 계획 수립, 시장 전략적 분석 등의 중요성을 절실히 깨닫게 된 시
기도 이 당시다.

그는 "자바게임 등 소규모 게임 제작 분야에서 사업을 시작한 후 인력 관
리 및 향후 계획 수립 등은 물론 세세한 부문까지 신경 써야 한다는 점을 깨
달았다"며 "당시의 어려움이 현재 회사 성장에 밑거름이 되고 있다"고 밝
혔다.

게임빌이 새로운 전환기를 맞이한 시점은 2003년 말. '선택과 집중' 이라

게임빌 에르엘 워즈Ⅱ

는 전략에 따라 기존 사업 중 자바게임 분야를 정리하고 모바일게임에 집중하고서부터다. 회사 역량 집중을 위해 운영중이던 웹보드 포털도 이 때 문을 닫았다. 휴대폰이 필수품으로 자리잡은 후 모바일게임 사업분야가 블루오션으로 부상할 것이라는 생각 아래 회사 전략을 모바일게임으로 선회한 것.

게임빌 송병준 대표

모바일게임에서 느낄 수 있는 재미를 살리자는 목표 아래 개발에 집중했다. 전략은 적중했다. 2004년 '2004 프로야구'가 히트하며 회사는 성장세를 나타냈다. 연이어 '놈'과 '물가에 돌 튕기기' '절묘한 타이밍' '정통맞고' '제노니아' 등이 모바일게임 사용자들로부터 사랑받으며 게임빌의 실적은 고공행진을 이어갔다. 특히 모바일게임 '시리즈'화를 통한 브랜드 이미지 향상 등이 큰 성공을 이루며 업계 강자로 급부상했다.

송 대표의 미래 청사진은 하나다. 세계 최고의 모바일게임 업체로 우뚝 서는 게 그것이다. 전략도 복잡하지 않다. 한눈팔지 말고 회사가 잘할 수 있는 모바일게임 분야에 역량을 집중하는 것이다. 회사가 가진 강점을 최대한 활용, 모바일 부문의 최강자가 되는 게 그의 목표다. 송 대표는 "미래의 목표 도달을 위한 기반을 닦고 있다"며 "현재가 '최고'를 목표로 한 게임빌이 성장하기에 최적기"라고 강조했다.

그가 고성장을 장담할 수 있는 이유는 세 가지다. 우선 게임빌이 추구한 '재미' 전략이 사용자들에게 각광받고 있다는 점이다. 프로야구라는 소재를 게임에 옮긴 점이 성인층 관객을 사로잡으며 '프로야구' 시리즈 흥행으로 이어진 게 대표적인 예다. 또 부분유료화 전략으로 새로운 수익원 창출이 가능하게 된 것이 회사 성장을 견인하고 있다.

애플 등이 잇따라 모바일게임 거래의 장을 마련해 줘 해외 영업비용이 크게 감소할 수 있었던 점도 송 대표가 꼽은 이유다.

현재 게임빌은 애플 앱스토어에 '베이스볼 슈퍼스타즈 2009(Baseball Superstars 2009) 및 제노니아(ZENONIA) 등 4개 모바일게임을 공급하고 있다. 안드로이드마켓과 블랙베리 웹월드, 윈도 마켓플레이스 포 마켓 (Windows Marketplace for Mobile) 등에서 자사 모바일게임을 선보이고 있다.

게임빌의 성장전략

게임빌은 국내 모바일게임 산업의 리딩 기업으로서 2010년 매출 285억 원, 영업이익 155억 원을 기록하며 업계 최고 수준을 기록했다. 최근 게임빌은 창업 10여 년만에 해외 유력 게임지로부터 세계 12위의 모바일게임사로 선정되는 등 글로벌 모바일게임 기업으로의 행보를 이어가고 있다.

특히 게임빌은 스마트폰(기기) 게임 시장과 소셜네트워크 게임을 통한 사업 확대를 계획하고 적극적으로 드라이브하고 있다. '더블 에스(SS)' 전략으로 불리는 이 계획의 핵심은 다양한 자체 개발 게임과 국내외 개발사와의 협력을 통한 게임 영역의 확장이다. 시장 확대 정책은 국내의 '프로야구

슈퍼리그', 해외의 '트레인시티' 등 게임빌 최초의 PC기반 SNG 시장 진출과 모바일게임 '에어 펭귄'의 전 세계 30여 개국에서의 1위라는 기록으로 이어졌다.

2011년 출시작은 작년의 두 배 규모인 국내 20여 종, 해외 20여 종의 타이틀이 출시될 예정이다. 이는 스마트폰뿐 아니라 태블릿 PC, 스마트 TV 등 다양한 기기로의 게임 콘텐츠를 적극 출시할 예정이다.

게임빌은 글로벌 모바일게임 시장에서 성과를 거두고 있는 대표 게임들을 중심으로 새로운 마케팅 전략을 시도하고 있다. '프리 투 플레이(Free To Play)' 전략으로 국내 시장에서는 '놈5', '2011슈퍼사커', '정통맞고 2011' 등 스마트폰용 모바일게임에 적용됐다. 게임을 무료로 제공해 사용자층을 확대하고 대중화를 도모하며 게임 내의 다양한 부분 유료화로 수익도 올리는 일석이조를 낳고 있다고 회사측은 전했다.

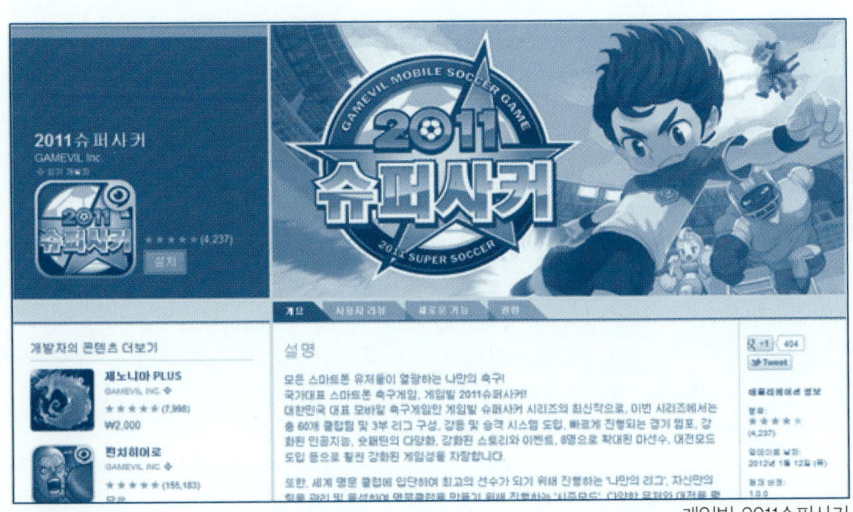

게임빌 2011슈퍼사커

9장

소셜미디어를 둘러싼 이슈

9

소셜미디어를
둘러싼 이슈

트위터는 이용자들이 평소 생각하고 경험하는 것을 부담 없이 자유롭게 이야기할 수 있다는 속성 때문에 점차 이용자들이 늘어나고 있다. 하지만 트위터가 안고 있는 문제도 간과해서는 안 된다.

우선, 사생활침해가 일어날 수 있다. 트위터를 통해 자신의 일상을 자유롭게 이야기하다 보니 자기도 모르게 자신의 삶이 다른 사람들에게 전달돼 악용될 여지가 있다. 특히 유명 연예인의 경우 별 대수롭지 않게 전달한 이야기가 그를 팔로우하는 이용자들에게 급속하게 확산돼 증폭될 수 있다.

트위터가 자유로운 의사소통의 공간이긴 하지만 남을 비방하거나 헐뜯는 글들은 명예훼손의 가능성이 있다.

일례로 미국의 유명한 가수인 코트니 러브(Courteny Love)는 2009년 3월부터 자신의 트위터와 마이 스페이스에 패션 디자인 사업을 함께 하면서 알게 됐던 패션디자이너 돈 시모랭커(Don Simorangkir)를 비방하는 글을 올렸다. 동업을 한 사이지만 사업이 잘 안 되자 둘간의 관계가 악화되면서 불화가 생기게 된 것이다.

돈(Don)은 코트니(Courteny)가 트위터에 올린 글이 자신의 명예와 디자이너로서의 명성, 사업에 막대한 손해를 입혔다며 로스앤젤레스 법원에 코트니를 상대로 손해배상소송을 제기했다. 2011년 3월 8일 첫 재판이 열릴 예정이었지만 재판 며칠 전 코트니가 돈에게 수억 원의 위자료를 지불하면서 소송을 취하함에 따라 이 사건은 극적으로 일단락됐다.

이 사건은 유명인이 소셜미디어에 올린 글로 인한 피해를 호소한 첫 사례로서 법원의 판결이 주목된 바 있다. 소셜미디어에 어떤 내용의 글을 담아야 하는지에 대한 기준을 법원이 처음으로 제시할 것이라는 기대를 모으기도 했다.

국내의 경우 국민여동생으로 불리는 아이유가 슈퍼주니어 멤버인 은혁과 함께 찍은 사진이 큰 화제를 불러 일으켰다.

올해 11월 10일 아이유가 은혁과 함께 찍은 사진을 실수로 자신의 트위터에 올리면서 문제가 커졌다. 이날 새벽 잠시 게시된 사진이었지만 많은 네티즌들이 사진을 퍼나르기 시

가수 코트니 러브

작했다. 급기야 소속사에서는 아이유가 아팠을 때 은혁이 병문안을 가서 찍은 사진이라고 해명했다.

네티즌들은 당시 사진을 보면 아이유는 잠옷 차림이었고 은혁은 상의가 탈의된 상태로 있다며 소속사 측 주장이 말이 안 된다고 맞섰다. 결국 둘이 사귀고 있다는 열애설이 급속히 퍼지면서 두 사람은 곤경에 처했다. 심지어 '아이유에게 진실을 요구한다'〈아진요〉카페가 생기기도 했다.

이처럼 연예인들은 소셜미디어 때문에 사생활침해에 늘 노출돼 있고 그 위험도 크다.

트위터와 달리 페이스북에는 개인의 정보가 비교적 상세하게 공개되는 편이다. 이 때문에 페이스북을 이용하는 사람들의 불만 중에는 사생활침해나 개인정보유출 우려가 가장 많다.

무심코 공개한 이메일이나 전화번호로 인해 스토킹의 대상이 될 수 있다.

아이유, 은혁

개인신상이 비교적 상세하게 공개되기 때문에 마음만 먹으면 페이스북에 공개된 정보를 수집해 이를 악용할 수도 있다.

페이스북에는 개인에 관한 많은 정보들이 공개되기 때문에 섣불리 글을 올리기도 쉽지 않다. 무심코 글을 올린 후 후회하는 사람들이 많이 있을 수 있다. 술기운에 글을 올릴 수가 있는데 횡설수설한 글이 게재된다면 그를 아는 사람들이 그

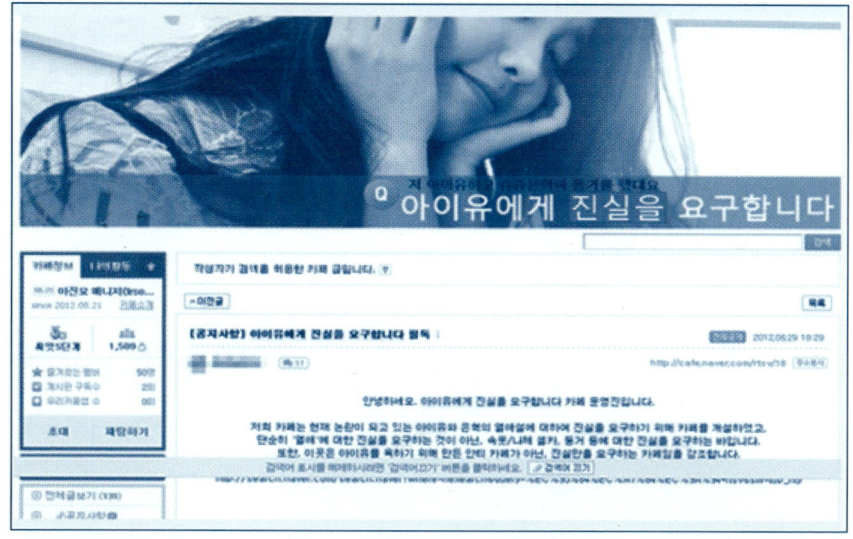

를 어떻게 평가할 것인지는 자명하다. 따라서 페이스북에 글을 올릴 때는 어느 정도 신중을 기해야 한다.

특히 위치정보서비스는 가입자의 친구들이 가입자의 위치를 알 수 있기 때문에 가입자가 어느 곳을 방문하는지도 파악할 수 있어 페이스북의 사생활침해 논란에 불을 붙였다. 현재 내가 어디에 있는지를 친구들이 안다고 상상해 보라. 나는 누군가에 의해 끊임없이 감시당하고 통제되고 있다는 것을 느낄 수 있을 것이다.

이러한 문제에도 불구하고 페이스북을 통해 개인 프로필을 상세하게 밝히는 사람들은 늘고 있다. 오프라인처럼 온라인에서도 서로를 잘 알아야 진정한 소통이 이뤄진다고 믿는 이용자들이 늘고 있기 때문이다. 개인의 프라이버시 침해를 우려하면서도 개인의 신상을 밝히는 사람들이 증가하고 있는 것이다.

트위터나 페이스북 등 소셜미디어가 가지고 있는 문제점 중의 하나는 허위 정보들이 마치 사실인 양 급속히 확산될 수 있다는 것이다. 소셜미디어의 특성상 전달 속도가 빠르기 때문에 순간적으로 올린 정보들이 과장되거나 왜곡돼 전달될 우려도 많다.

지난해 11월 17일 트위터에는 '오늘 오전 강호동 자택에서 숨쉰 채 발견'이란 글이 순식간에 퍼졌다. 자세히 보면, 연예인 강호동 씨가 자택에서 숨진 채 발견됐다는 내용으로 읽힐 가능성이 매우 많은 글이다. 우려대로 강호동 사망설로 급격히 비화돼 유포돼 혼란을 초래하기도 했다. 이날 강호동 사망설은 실시간 검색어 1위에 오르기도 했다.

이 사건이 발생하기 며칠 전에는 이효리 사망설이 비슷한 식으로 SNS를 통해 유포되기도 했다. 이효리는 자신의 트위터를 통해 "재미도 없고 의미도 없는 농담을 뭐라 하죠? ㅆㄹㄱ"이라고 불쾌감을 드러내기도 했다. 누군가 장난으로 올린 글이 피해자에게 깊은 상처를 줄 수

도 있다.

괴담이 SNS를 통해 빠르게 확산되는 것도 문제다. 전남 순천에서는 인체의 장기를 적출하기 위해 여고생 인신매매가 성행하고 있다는 괴담이 돌아 경찰이 곤욕을 치르기도 했다. 순천경찰서는 "인신매매단이 여고생 세 명을 잡아가 한 명이 죽고 두 명이 실종됐다"는 괴담이 급속도로 확산되고 있어 수사에 착수하기까지 했다.

서울대 법학전문대학원 조국 교수를 사칭한 한 트위터리안은 박원순 서울시장의 장녀인 박다인 양의 법대 전과에 조금이라도 비리가 있다면 서울 법대 교수직을 당장 사직하겠다는 글을 올려 파장이 일기도 했다. 조국 교수를 자임한 글이 올라오자 네티즌들은 이 글에 대해 각종 찬반의견을 개진하기도 했다.

소셜미디어는 사실에 기반을 두지 않은 거짓 정보들이 확산돼 마치 사실인 것처럼 수용자에게 전달될 우려가 큰 공간이다. 추측성 글이 떠돌아 사회불안을 조성하거나 사회의 안전을 해칠 우려가 있다.

사이버불링

사이버불링(cyberbullying)은 이메일이나 채팅방, 인터넷카페, 소셜네트워킹 웹사이트 등 디지털 기기를 이용하여 친구들을 지속적으로 따돌리거나 괴롭히는 행위를 일컫는다. 즉 누군가의 사진을 허락없이 온라인에 게시하거나 누군가를 화내거나 조롱할 목적으로 메시지를 보내거나 게시하는 등의 행위가 이에 해당된다.

교육과학기술부가 2012년 실시한 학교폭력실태 전수조사에 따르면, 전체 응답자의 12.3%가 최근 1년간 학교폭력을 경험하였다고 답하였다. 피해유형별로는 말로 하는 협박이나 욕설(37.9%)이 가장 많았고 인터넷, 휴대전화 등을 통한 욕설과 비방(13.3%), 집단따돌림(13.3%)이 뒤를 이었다. 학교폭력이 발생하는 장소는 교실이 25.0%로 가장 많은 비율을 차지했으며 화장실, 복도가 9.6%로 뒤를 이었다. 온라인이나 휴대전화를 통해 폭력이 발생하고 있다고 답한 비율도 7.7%에 달했다. 그 해 2차 조사에서는 사이버괴롭힘이 전체 폭력행위의 7.3%를 차지했다. 이처럼 사이버공간을 이용한 욕설과 비방이 난무하면서 휴대전화 등 디지털 기기는 학교폭력의 또 다른 진원지가 돼 가고 있다.

사이버불링은 면대면 상황이 아닌 익명성을 전제로 한 온라인 공간에서 일어난다는 면에서 전통적인 따돌림이나 괴롭힘과 다르다. 또한 전통적인 괴롭힘은 가해자와 피해자가 동일한 물리적 공간에 있을 때 일어나지만 사이버따돌림이나 괴롭힘은 장소나 공간에 규제받지 않고 일어나며 그 영향 및 효과도 크다. 익명성을 바탕으로 한 사이버공간을 통해서는 면전에서 이야기할 수 없는 것들을 익명성을 이용해서 말할 수 있다는 특징이 있다. 이러한 특성 때문에 SNS 등 디지털 기기를 이용한 집단 따돌림이나 괴롭힘이 최근 심각한 청소년문제로 부상하고 있다.

사이버불링의 원인에 대해 현재 많은 연구들이 진행 중이지만 학생들이 학교생활에서 겪는 스트레스, 친구와의 갈등, 부모와의 불화, 가정환경 등이 주요 원인으로 지목되고 있다.

특히 오프라인 공간에서 따돌림을 당한 학생들이 온라인 공간에서도 따돌림을 당하는 경우가 많은 것으로 알려지고 있다. 따라서, 학생들의 좌절이나 분노를 통제하거나 억제할 수 있는 프로그램의 마련이 필요하다. 아울러 사이버공간의 따돌림이 물리적 공간의 따돌림보다 더 심각할 수 있다는 것을 인식하는 것이 중요하다.

미국의 사이버불링연구센터는 사이버불링에 대응하는 10가지 팁(아래 박스 참조)을 제시하면서 청소년뿐 아니라 학부모, 교사, 경찰을 대상으로 사이버따돌림 근절방안 및 대응요령을 교육하고 있다. 우리 사회에서는 아직까지 사이버불링이 낯선 현상이지만 소셜미디어의 확산속도에 비춰볼 때 우리도 이에 대한 대책을 하루빨리 마련할 때다.

청소년들이 사이버불링에 대처하는 10가지 팁

1. 사이버불링에 관해 누군가와 대화하라.
   - 당신이 사이버불링의 타깃이 되고 있다면, 부모나 친구, 선생님 등과 그 문제에 대해 얘기할 필요가 있다.

2. 괴롭히는 자들을 무시하라.
　　─누군가 당신을 괴롭히는 것이 지속적이지 않은 사건이라면 그들을 무시하는 것이 좋다.

3. 결코 복수하지 마라.
　　─복수는 상황을 악화시키고 결코 문제해결의 수단이 안 된다.

4. 당신을 괴롭히는 자들에게 당장 멈추라고 말하라.
　　─따돌림이 지속될 경우, 그들이 하고 있는 행동이 얼마나 남에게 상처를 주는 것인지 알게 하는 것이 좋다.

5. 웃어라.
　　─만약 누군가가 당신에 대해 재미있는 뭔가를 말하면, 단지 웃으려고 노력하라.

6. 따돌림에 관한 모든 증거를 모아라.
　　─페이스북 메시지를 프린트하거나 스크린을 캡처해 저장하거나 텍스트 내용을 컴퓨터에 저장하라.

7. 당신을 괴롭히는 사람들에 대한 접근을 차단하라.
　　─웹사이트나 소프트웨어 프로그램을 이용해 당신을 괴롭히는 사람들이 당신을 접촉하지 않도록 하라.

8. 피해 사실을 웹사이트 관리자에게 알려라.
　　─당신을 괴롭히는 사람이 누구인지 모르면, 사이트 관리자에게 사이버따돌림이 발생하고 있다는 사실을 알려라.

9. 결코 따돌림에 관한 메시지를 남에게 보내지 말라.

소셜미디어가 세상을 바꾼다

　　―누군가를 괴롭히거나 놀리는 메시지를 받으면 그것을 지우고 결코 타인에게 보내지 말라.

10. 경찰에게 연락하라.
　　―만약 당신의 안전이 위태롭다고 생각하면, 즉시 경찰에 연락하는 것이 좋다.

출처 : 사이버불링연구센터 홈페이지(www.cyberbullying.us)서 재구성함.

사적인 공간인가, 공적인 공간인가

　　다른 매체와 마찬가지로 소셜미디어도 자유로운 의사소통의 공간인지에 대해서 논란이 뜨겁다.

　　인천지법의 한 부장판사는 한미 FTA 협정에 반대하는 글을 자신의 페이스북에 올려 공직자윤리위원회에 회부되기도 했다. 그는 2011년 11월 22일 "뼛속까지 친미인 대통령과 통상관료들이 서민과 나라살림을 팔아먹은 2011년 11월 22일, 난 이날을 잊지 않겠다"는 글을 자신의 페이스북에 올렸다.

　　비슷한 시기에 창원지법의 한 부장판사 역시 페이스북에 "드라마 계백을 보고 있다. 황산벌전투가 나온다. 나라를 위해 자신의 목숨을 바치는 사람과 자신을 위해 나라를 팔아먹는 사람들"이라는 글을 올렸다.

　　그는 "대한민국과 우리 후손의 미래를 위해 한미 FTA 비준동의안을 통과시키신 구국의 결단. 그런 결단을 내리신 국회의원님들과 한미안보의 공고화를 위해 불철주야 노력하시는 대통령님을 진심으로 존경합니다. 고생 많으셨습니다"라는 글을 올리면서 "이것도 정치편향적인 글입니다"라는 말

한미 FTA협정은 소셜미디어 공간에서 격렬한 논쟁을 유발했다.

을 남기기도 했다.

대법원 공직자윤리위원회는 회의를 열고 "법관이 사회적 논란의 중심에 놓이게 되거나 향후 공정한 재판에 영향을 미칠 우려를 야기할 수 있는 외관을 만들지 않도록 신중하게 처신해야 한다"는 의견을 내놓고 SNS 사용가이드라인 제정에 착수했다.

위 사례는 소셜미디어라는 공간이 사적 영역인가, 공적 영역인가에 대한 논쟁을 다시 한 번 불러일으키고 있다. 또한 소셜미디어 상에서 자유롭게 자신의 정치적 견해나 생각을 표출할 수 있는지에 대해서도 또 다시 논란을 불러일으키고 있다.

이러한 논쟁은 사실 그동안 새로운 매체가 등장할 때마다 늘 제기됐던 문제들이다. 블로그가 등장해 확산될 때도 비슷한 문제가 촉발됐고 포털이 여론지배력을 행사할 때도 유사한 문제에 부딪쳤다.

SNS사용이 확산되고 그 파급력이 커지면서 SNS를 통한 표현의 자유 영역

소셜미디어가 세상을 바꾼다

이 어디까지인가에 대한 논쟁이 가열되고 있다. 이 과정에서 중요한 것은 SNS가 더 이상 사적 공간은 아니라는 점이다. 때문에 SNS를 통한 소통에는 사회적 책임과 윤리의식이 뒤따라야 할 필요가 있다. 다른 새로운 네트워킹 서비스처럼 트위터도 사적인 동시에 공적인 공간이고 자유로운 소통공간인 만큼 책임도 따르는 곳이다.

공직자들의 소셜미디어 사용이 논란이 되자 지난해 8월 문화체육관광부는 공직자들이 준수해야 할 SNS 사용원칙과 요령을 각 정부부처에 전달하기도 했다.

공직자 SNS 사용원칙과 요령

공직자 및 정부관계자가 SNS를 사용할 때는, 공적인 사용과 공적 영향력을 지닐 수 있는 사적 활용(본인의 개인활동이 정부 및 공공기관에 영향을 미칠 수 있는 경우) 모두에서 전문성과 책임감을 투철하게 지녀야 한다.

공직자 및 정부관계자는 정부 및 공공기관의 행동강령 및 정책반향, 내부지침에 따라 SNS를 사용해야 하며, 정부 및 공공기관의 자산과 기밀정보를 보호해야 하는 공적 의무가 있음을 명시해야 한다.

다음의 주요 원칙은 공직자 및 정부관계자들이 SNS를 유효적절하게 사용하기 위해서 명심해야 할 기본적 원칙이다.

원칙 1 : 책임감을 갖자

공직자는 온라인을 통한 모든 활동에 책임을 지닌다. 조금이라도 의문이 든다면 메시지를 올리기 전에 관련 부서의 소셜미디어 전문가, 직속상관, 동료 또는 온라인 홍보팀에 조언을 구하자.

원칙 2 : 공론화 가능성을 늘 염두에 두자

사적이건 공적이건 SNS의 모든 콘텐츠는 공론화될 수 있으며 모든 형태의 매체에서 기사가 되고 이슈가 될 수 있다. 온라인에 올리는 모든 내용은 온라인상에 영원히 남을 수 있다. 특히 언론이 SNS를 취재한다는 점에 항상 유의하면서 신중을 기하자.

원칙 3 : 기밀을 유지하자
공공기관과 관련된 어떠한 기밀도 유포해서는 안 된다.

원칙 4 : 투명하자
정부 및 공공기관의 입장을 대변할 수 있는 명확한 권위와 책임을 부여받았더라도, 나의 개인적인 생각이나 의견을 부서의 공식적인 입장인 양 표명해서는 안 된다.

원칙 5 : 수용자를 존중하자
각종 차별적 발언, 개인적 모욕, 욕설 등은 절대 사용하지 말자.

원칙 6 : 정책 및 업무와의 일치성을 고려하자
SNS에서 공식적인 콘텐츠를 생성, 소비, 공유할 때는 그 내용이 정부 및 관련기관의 정책방향 및 전반적인 업무와 일치해야 한다.

원칙 7 : 친밀감과 공감대를 형성하자
SNS의 가장 큰 특징은 일방향적인 대중매체가 아니라 쌍방향적인 개인매체라는 점이다. 이에 따라 일방향적인 정보전달보다는 상호교류와 공감대형성을 통한 인간적인 접근이 중요하다.

원칙 8 : 정확성
공무원 및 공공기관의 직원은 소속기관이 담당하고 있는 업무에 대해서 전문가라는 인식을 줄 필요가 있으며, 이를 통해 소셜미디어 상에서 신뢰도를 쌓아나가야 한다.

소셜미디어가 세상을 바꾼다

원칙 9 : 가치창출

소셜미디어 사이트에는 매일 많은 글이 올라간다. 많은 이들이 주목할 만한 글을 쓰기 위해선 사람들의 관심을 끌거나 사람들이 가치 있게 여길 내용을 포함해야 한다. 공직사회의 경우, 특정 정책이 국민에게 어떤 이익이 있고 어떻게 활용할 수 있는지 등 일반 국민의 입장에서 정책을 다룬 글이 주목받을 수 있을 것이다. 행정서비스를 알리고, 행정서비스에 있을 수 있는 문제점을 인식하고 해결하며, 기관을 널리 알리는 데 도움이 된다면 그 콘텐츠는 궁극적으로 가치 있는 것이 될 것이다.

원칙 10 : 다양성

홍보메시지 등을 개발할 때 단순히 텍스트 위주의 메시지만을 개발할 것이 아니라 동영상, 이미지 등의 다양한 형태로 메시지를 개발해 이를 활용할 것을 권장한다.

출처 : 공감코리아 웹사이트(www.korea.kr)

서울시도 '소셜미디어 활용 가이드라인' 을 만들었다.

서울시 소셜미디어 활용 가이드라인

서울시청 구성원들은 블로그를 포함하여 미투데이, 트위터, 싸이월드, 페이스북 등 다양한 소셜네트워크 서비스(Social Network Service)의 온라인 대화 공간에서 글을 작성하고, 소셜미디어 대화에 참여하실 수 있습니다. 다만, 무책임한 온라인 대화 참여는 법적 소송의 원인이 될 수 있기 때문에, 온라인 대화 참여시 개인과 조직을 위해 공무원으로서의 사려 깊게 온라인 대화에 참여해 주셔야 합니다. 다음의 권고 사항 내용들을 숙지해 주시기 바랍니다.

1. 시정에 대한 공식입장이 아닌 의견을 올리실 경우 개인의 생각임을 밝히십시오

개인적인 관심, 취미, 동호회 활동을 위한 온라인 대화 참여는 크게 상관 없지만, 서울시정에 대한 개인적인 견해를 소셜미디어를 통해 공유하고 싶다면, 필명이나 익명 대신 자신의 소속 부서와 이름을 소셜미디어 서비스 프로필에 밝히셔야 합니다. 서울시 관련 생활정보와 공식발표된 뉴스나 자료를 공유하는 것은 무방하나 서울시청의 정책 콘텐츠에 대한 견해를 공유할 시에는 반드시 "관련 콘텐츠에 대한 견해는 전적으로 개인의 의견이며 서울시청의 공식입장과 다릅니다"라는 문구를 포함해야 합니다.

2. 소셜미디어 상에서 서울시 구성원의 역할에 대해 한 번 더 생각해 주시기 바랍니다

소셜네트워크 채널은 공개적인 채널이므로 소셜미디어 대화공간에서 서울시청 구성원은 우리가 말하는 모든 것이 서울시청을 대표하는 것으로 인식될 가능성이 있다는 점을 명심해야 합니다. 만약, 서울시청 구성원들이 운영하는 개인 계정이 공개적인 계정이라면 자신의 말이 시민과 동료에게 공개된다는 점을 잊지 마시고 항상 소셜미디어 대화에 참여시 신중함을 유지하셔야 합니다.

3. 공무원은 중립적 자세를 지켜야 합니다

소셜미디어 프로필상에 자신이 서울시에 근무한다고 공개적으로 밝혔다면, 공무원은 공직선거법, 헌법 등 관계법령에 따라 정치적 의견에 대한 중립적 자세를 지켜야 합니다. 다양한 종교적, 성차별적, 인종차별적, 윤리·도덕적 콘텐츠에 대한 온라인 대화 참여는 가급적 피하는 것이 좋습니다. 또한, 욕설, 외설, 명예 훼손, 불법 행위 등 혐오스러운 느낌을 드는 메시지를 업데이트 하거나 대화 참여는 삼가셔야 합니다.

4. 콘텐츠의 적절성에 의심이 생길 경우, 한 번 더 숙고하시기 바랍니다

자신의 블로그나 트위터 등 소셜미디어 대화 채널에 올릴 콘텐츠의 내용이 부적절하다거나, 조금이라도 논쟁의 여지가 있다고 생각될 경우, 본 소셜미디어 가이드라인의 내용을 한 번 더 숙지하고, 서울시청 구성원의 역할에 대해 고심해 본 뒤, 콘텐츠의 적절성을 검토해 올리는 것이 좋습니다. 콘텐츠에 대한 제3자의 검토가 필요한 경우, 소속 팀장에게 연락하고, 검토 받은 후에 올리는 것을 권장합니다.

5. 내부 커뮤니케이션 내용의 공개는 금지 사항입니다

내부 부서에서 오고 간 커뮤니케이션 내용을 외부로 공유하는 것은 징계의 사유가 될 수 있습니다. 만약 업무 이메일의 내용 전문 혹은 부분 내용을 블로그에 공개적으로 올리거나 언급하고 싶다면, 발신자에게 먼저 확인하고 올리셔야 합니다. 만약 관련 부서나 관계자를 언급하면서 동료에게 업무칭찬을 해도 내부규정을 어길 수 있다는 점을 유념하셔야 합니다.

6. 결정되지 않은 정책은 공개 금지 사항입니다

서울시청 실/국 혹은 기관 안에서 논의되고 있지만 결정되지 않은 정책은 소셜미디어 대화 공간에 미리 공개하지 않아야 합니다. 전반적으로 서울시의 정책에 대해서는 최종 결정된 내용을 근거로 정보를 전달하는 것이 잘못된 정보의 확산을 막을 수 있으며 오해를 불식시킬 수 있습니다.

7. 저작권이 있는 콘텐츠 사용 시, 저작권법을 존중해야 합니다

시, 도, 정부의 법에 반하는 동영상/ 사진은 사용할 수 없습니다. 본인 개인 소유가 아닌 멀티미디어 콘텐츠 사진, 동영상, 글 등의 콘텐츠를 사용할 때 원작자의 허락을 미리 받고, 출처와 원작자를 명시하고 사용하셔야 합니다. 온라인상에서 저작권은 소송의 사유가 될 수 있습니다.

8. 부정적인 이슈를 발견했을 경우, 담당자에게 공유해 주시기 바랍니다

서울시청 소속 직원은 서울시청의 공식 온라인 대변인 역할을 할 수 없더라도, 서울시청의 훌륭한 소셜미디어 모니터링 요원이 될 수 있습니다. 온라인상에서 서울시청에 관련된 부정적 이슈를 발견했다면, 즉시 서울시청 실/국 해당 담당자에게 알려주시길 바랍니다.

9. 공유된 콘텐츠는 삭제하지 않습니다

한 번 정보가 인터넷에 발행되면, 블로그 포스트를 지우거나 익명으로 하려고 해도, 근본적으로 해당 정보에 대한 기록은 온라인에 영구적으로 남게 됩니다. 특별히 부분적으로 문제가 된다면, 가급적 소셜미디어 대화 공간에 올린 정보를 전문 삭제하기보다는 부분적으로 사실과 다른 내용을 수정하고, 해당 내용의 수정 날짜와 수정된 부분에 대한 메시지를 남겨야 합니다.

10. 업무 중 소셜미디어 활용 시간은 상식적인 선을 유지해 주시기 바랍니다

서울시청은 모든 직원의 소셜미디어 대화 참여를 장려합니다. 그러나 현재 진행해야 하는 업무에 맞추어 소셜미디어 활용 시간을 습관적으로 조절할 필요가 있으며, 업무 진행에 방해될 정도의 소셜미디어 참여는 지양해야 합니다. 소셜미디어 담당자가 아니면 소셜미디어 활용은 자신의 업무와 맞추어 상식적인 선에서 활용하는 것을 권고합니다.

11. 개인용 블로그나 트위터에는 서울시청 로고나 공식 이메일 사용을 자제해 주십시오

서울시청 로고 사용은 공식 블로그나 트위터 등 서울시청의 공식 소셜미디어 채널이 아니라면 자제하셔야 합니다. 서울시청 로고의 사용은 내부적으로 승인된 공식 계정에서만 사용할 수 있습니다.

12. 서울시 소셜미디어 활용 가이드라인을 준수하셔야 합니다

서울시청은 개인적인 차원에서 직원들의 소셜미디어 대화 공간 활동을 존중합니다. 하지만 서울시청 기관과 관련된 온라인 대화 활동에 참여하고자 한다면, 본 소셜미디어 활용 정책을 준수하여야 합니다. 본 가이드라인에 포

소셜미디어가 세상을 바꾼다

함된 권고 사항들은 모든 서울시청 구성원들의 소셜미디어 채널 활용에 적용됩니다.

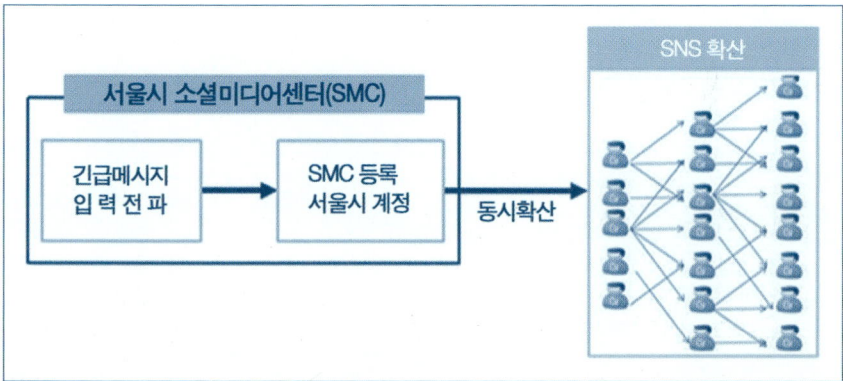

SMC(Social Media Center) 긴급메시지 전파 체계

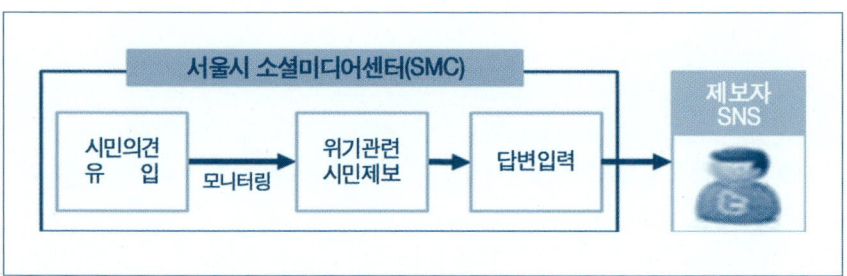

SMC(Social Media Center) 시민의견 모니터링 및 제보 처리

〈표〉 55개 재난유형별 서울시 대표계정

현장조치 행동매뉴얼	실·국·본부	대표계정(트위터)
공연행사장안전	문화관광디자인본부	culturespace
정보통신마비, 정보서비스마비	정보화기획단	useoul
해외재난	기획조정실	–
산업시설생산마비, 생활필수품유통마비, 농수산물유통마비	경제진흥실	seouleconomy
보건의료마비, 감염병, 병원시설대형사고, 가축질병	복지건강실	seoulwelf
택시파업, 버스파업, 육상화물운송마비, 지하철파업, 지하철화재	도시교통본부	seoulgyotong
황사, 전력분야마비, 가스, 원유수급마비, 생활폐기물수집운반마비, 생활폐기물매립시설마비, 소각시설마비	기후환경본부	seoulgreenenerg
산불, 산사태, 급경사지	푸른도시국	greenseoulcity
시청사마비	행정국	seouladm
원전안전	비상기획관	safeseoul
지진, 폭염, 한파, 지하도상가안전사고, 제설, 도로터널사고, 공동구사고, 한강교량대형사고, 대규모환경수질오염, 물재생센터마비, 호우태풍, 댐붕괴	도시안전실	seoulsafety
아파트공사장붕괴, 대형건축물붕괴	주택정책실	2012housing
위험물질유출, 재난대응분야(구조구급), 대형화재, 대테러, 낙뢰, 정전승강기사고	소방재난본부	seoul_fire
도로공사장붕괴, 지하철공사장붕괴	도시기반시설본부	seoulinfra
상수도공사장붕괴, 식용수공급사고, 긴급누수복구, 가뭄	상수도사업본부	arisusalang
한강수난사고	한강사업본부	seoulhangang

소셜미디어가 세상을 바꾼다

〈표〉 서울시, SMC 긴급메시지(SNS 전파 공식메시지) 표준문안

[도시교통본부상황실](2012.11.22/06:28) 6시 20분 현재 모든 버스가 차고지 기준 정상 운행을 시작하였습니다. 정류소 별로 도착시간이 다를 수 있으니 이용에 착오 없으시기 바랍니다.

[도시교통본부상황실](2012.11.22/06:20) 6시 20분부로 서울시내 모든 버스운행이 정상화 되었습니다. 불편을 드려 죄송합니다. 더 나은 서울시 시내버스가 되도록 더욱 노력하겠습니다.

[도시교통본부상황실](2012.11.22/06:00) 버스운행중단대비 서울시 25개 자치구별 비상수송 대책 안내사이트 정보입니다. http://j.mp/Thq5aA
[도시교통본부상황실](2012.11.22/05:30) 현재 서울시내 가로변 버스전용차로제가 한시적 해제되었고, 중앙버스전용차로는 해제되지 않았습니다. 착오 없으시기 바랍니다.

• 메시지 맨 앞에는 [○○대책상황실](날짜 및 시간)을 반드시 넣는다.
• 시민의 트위터로 전달되는 메시지이므로 140자 이내로 작성한다.
• 참고할 만한 사이트 URL 링크를 포함하면 좋다.

정부규제

SNS를 통한 정보생산과 유통이 활발해지자 방송통신위원회는 뉴미디어 정보심의팀을 신설해 SNS 내용 및 애플리케이션을 검열하고 사안에 따라 해당 계정을 차단할 수 있도록 했다. 이러한 조치에 대해 야당과 시민단체는 표현의 자유에 대한 침해이자 언론통제라고 반박했다. 방송통신심의위원회는 SNS 심의에 대한 입장을 아래와 같이 밝히기도 했다.

□ 방송통신심의위원회(위원장 박만)는 지난 10월 20일 사무처 조직개편 (안)을 발표한 이후, 일각에서 문제 제기를 하고 있는 SNS 및 애플리케이션 등 심의에 관한 몇 가지 오해에 대해서 다음과 같이 입장을 밝힙니다.

SNS 심의에 대해

○ 방송통신심의위원회는 2008년부터 국내 SNS인 싸이월드와 미투데이 및 국외 SNS인 트위터와 페이스북 등에 게재된 내용에 대하여 심의를 진행하여, 2008년 36건, 2009년 54건 정도의 시정요구 조치 결정을 하였으나, 2010년 345건, 2011년 9월 현재 262건으로 시정요구 조치 건수가 급속히 증가하고 있는 추세임.

○ 시정요구 결정된 SNS 내용(총 697건)을 살펴보면, 학력 위조 등을 알선해 주는 문서위조 정보가 279건(40%)으로 가장 많았고, 김정일 부자를 찬양하고 주체사상을 노골적으로 미화하는 국가보안법 위반이 187건(26.8%), 성매매 등 음란물 정보 108건(15.5%), 초상권 침해 및 명예훼손이 53건(7.6%)이었음. 이외에도 마약 거래 및 자살 방조, 지적 재산권 위반 등 범죄행위에 해당하는 내용이 38건(5.5%) 있었음.

이러한 추세를 감안했을 때 향후 시정 요구 건수는 해마다 급등할 것으로 예측됨.

※ 주요 5개 SNS 가입자 현황(2011년 8월)
　페이스북 약 440만명, 트위터 약 500만명, 싸이월드 약 2,500만명,
　미투데이 약 500만명, 요즘 약 100만명

○ SNS에 대한 심의는

• 「방송통신위원회의 설치 및 운영에 관한 법률」 제21조 제4호에 명백히 규정된 방송통신심의위원회 고유 직무이고,

• 심의 대상은 「정보통신망 이용촉진 및 정보보호 등에 관한 법률」 제44

조의7에 따라 음란물, 허위사실 유포 명예훼손, 사이버스토킹, 해킹, 청소년 보호법 위반, 사행행위, 국가보안법 위반 및 각종 범죄를 목적으로 하거나 교사, 방조하는 내용의 정보임.

　※「방송통신위원회의 설치 및 운영에 관한 법률」 제21조 제4호
　전기통신회선을 통하여 일반에게 공개되어 유통되는 정보 중 건전한 통신 윤리의 함양을 위하여 필요한 정보의 심의 및 시정요구

　ㅇ이렇듯 SNS에 대한 심의는

　• 방송의 경우처럼 방송법 제32조에 따라 방송 내용의 공정성과 객관성을 심의하는 것이 아니라 명확한 불법성과 유해성만 심의하는 것이기 때문에,

　• 정보통신망법에 명시되어 있지 않은 '정치적인 내용에 대한 심의' 는 할 수도 없고 하여서도 안 되는 것임.

　ㅇ또한, 일부에서는 내년 총선과 대선을 겨냥하여 정치적 표현을 통제하려는 의도가 아니냐는 의혹을 제기하고 있으나,

　• SNS 등 정보통신망을 통한 「공직선거법」 위반 사항은 동법 제82조의4(정보통신망을 이용한 선거운동)에 따른 선거관리위원회의 소관사항으로,

　• 방송통신심의위원회는 해당 정보에 대해 심의할 법적 근거와 권한이 전혀 없음.

출처 : 방송통신심의위원회 보도자료(2011. 11. 1)

SNS를 통한 정보생산과 유통이 활발해지자 정부당국은 SNS라는 공간에 대한 정보규제를 강화하기 시작했다. SNS 상에서 유통되는 대부분의 정보가 지극히 개인적인 의견을 표명한 것이 많기 때문에 정부의 이러한 제도적 조치는 이용자들의 강한 반발을 불러올 수밖에 없다.

　트위터를 통한 선거캠페인도 현행 선거법에서 자유롭지 못하다. 2010년 6월 2일 지방선거를 앞두고 중앙선거관리위원회는 그해 3월 트위터를 통한 선거운동을 규제하고 단속하겠다고 밝혔다. 그해 4월 29일 유권자가 지지하는 경기도지사 후보와 정당을 묻는 여론조사를 트위터로 하고 그 결과를

2011년 10월 11일 박원순 서울특별시장 후보는 선거대책위원회 '새로운 서울을 위한 희망캠프'를 공식 출범시켰다. 범야권 단일화의 결과 민주당, 국민참여당, 진보신당 등 야3당이 참여하고 있으며 시민사회, 문화계 인사, 언론계 등이 총집결하였다. 10월 26일 서울특별시장 보궐선거 최종 투표율은 48.6%로 박원순 후보는 전체 투표수 가운데 53.40%인 215만8476표를 획득하여 서울특별시장에 당선되었다. 나경원 한나라당 후보와의 득표율 차이는 7.19%포인트로 서울특별시 전체 25개 자치구 가운데 서초·강남·송파·용산구를 제외한 나머지 21개 구에서 모두 나경원 한나라당 후보를 앞섰다.
투표 당일 선관위 홈페이지와 시장 후보의 홈페이지가 디도스 공격을 받아 논란이 일었다. 투표소가 갑자기 변경되어 서울시민들이 투표에 곤란을 겪기도 했다. 선관위는 "평일에 열리는 선거이기 때문에 불가피하게 변경했다"고 해명하였다. 2012년 1월 뉴스타파에서는 "(투표소가) 변경 사유와 맞지 않게 변경된 곳도 많아 선거 방해를 위한 것으로 의심된다"는 의혹을 제기하였다.

공표한 혐의로 한 트위터이용자가 선거법위반혐의로 입건되기도 했다.

2011년 10. 26 서울시장 보궐선거 때도 트위터를 이용한 선거운동은 논란 거리였다. 투표당일 투표인증샷은 허용했지만 누구에게 투표했는지를 밝히는 것은 단속대상이었다. 중앙선거관리위원회가 SNS 이용에 대한 규제를 강화하자 소셜미디어 이용자들의 강한 반발을 사기도 했다.

네티즌들은 중앙선거관리위원회의 규제가 소셜미디어의 네트워크 특성을 잘 파악하지 못한 데 따른 조치라며 어디까지가 단순 지지고 비방인지 단속규정이 애매하다고 지적하기도 했다.

지난해 말 헌법재판소는 SNS를 통한 사전 선거운동을 법적으로 규제하는 공직선거법 93조 1항에 대해 한정위헌판결(박스 참조)을 내리면서 SNS를 통한 정치활동과 선거운동이 가능해지게 됐다. 선거운동기간 전이라도 트위터나 블로그, 인터넷게시판 등을 통해 특정 정당이나 후보에 대한 지지나 반대 등을 할 수 있어 네티즌들의 자유로운 의사표현이 가능해졌다.

헌법재판소 판결문 주요 내용(위헌의견)

인터넷은 누구나 손쉽게 접근 가능한 매체이고 이를 이용하는 비용이 거의 발생하지 아니 하거나 상대적으로 저렴해 선거운동비용을 획기적으로 낮출 수 있는 정치공간으로 평가받고 있어 오히려 매체의 특성 자체가 '기회의 균형성, 투명성, 저비용성의 제고'라는 공직선거법의 목적에 부합한다고도 볼 수 있다.

현행 공직선거법은 '후보자'나 '후보자가 되고자 하는 자', '예비후보자'에게 선거운동기간 전이라도 일정한 인터넷 공간에서의 선거운동을 허용하고 있는 바 이들이 선거운동기간 전 인터넷 홈페이지 또는 전자우편을 통한 선거운동을 위해 확보한 콘텐츠 게시공간을 이 사건에서 문제되고 있는 인터넷 공간으로 전환해 이용할 수 있고 그 경우 비용이 특별히 증가할 것으로 보이지 않는다.

따라서 선거일 전 180일부터 선거일까지 인터넷상 정치적 표현 내지 선거운동을 제한하는 것은 후보자 간의 경제력 차이에 따른 불균형이라는 폐해를 방지한다는 입법목적의 달성을 위한 적절한 수단이라 할 수 없다.

또 인터넷상 정치적 표현 내지 선거운동의 경우 이를 접하는 수용자 또는 수신자가 그 의사에 반해 정보를 수용하게 되는 것이 아니고, 자발적이고 적극적으로 이를 선택(클릭)한 경우에 정보를 수용하게 된다는 점에서 선거의 평온을 해할 가능성이 크지 않다.

민주주의 사회에서 선거과정은 '국민주권주의의 실현과정', '국민 가치결단의 표현과정', '국정수행 대표자에 대한 검증과정'으로서의 의미를 가지는 것이므로 그 과정에서 발생하는 정치적 관심과 열정의 표출을 반드시 부정적으로 볼 것은 아니다.

일반유권자는 이 사건 법률조항에 의해 선거일 전 180일부터 선거일까지 (선거운동기간 제외) 후보자나 정당에 대한 정치적 표현 내지 선거운동 일체를 제한받고 있는 바, 기본권 제한의 기간이 지나치게 길다.

특히 그 기간 동안 '통상적 정당활동'은 선거운동에서 제외됨으로써 정당의 정보제공 및 홍보는 계속되는 가운데, 정당의 정강·정책 등에 대한 지지, 반대 등 의사표현을 금지하는 것은 일반국민의 정당이나 정부의 정책에 대한 비판을 봉쇄해 정당정치나 책임정치의 구현이라는 대의제도의 이념적 기반을 약화시키게 될 것이다.

한편 사이버선거부정감시단의 상시적 운영, 선거관리위원회의 공직선거법 위반 정보 삭제요청 등 선거운동을 할 수 없는 자의 선거운동, 비방이나 허위사실 공표의 확산을 막기 위한 사전적 조치는 이미 별도로 입법화돼 있고 선거관리의 주체인 중앙선거관리위원회도 인터넷 선거운동의 상시화 방안을 지속적으로 제시해 오고 있으므로 인터넷의 신속성·확장성으로 인한 폐해나 선거관리의 곤란이라는 이유를 들어 이 사건 법률조항을 정당화시키기는 어렵다.

무엇보다 일반유권자의 정치적 표현 내지 선거운동 속에 비방·흑색선전 등의 부정적 요소가 개입될 여지가 있다 하여 이 사건 법률조항과 같이 일반적·포괄적 금지조항으로써 인터넷 상 정치적 표현 내지 선거운동 일체를 일정한 기간 전면적으로 금지하고 처벌하는 것은 최소 침해성의 요건을 충족시키지 못한다 할 것이다.

이 사건 법률조항에 대한 법익균형성 판단은 이로써 달성하고자 하는 선거의 공정과 평온이라는 공익과 그로 인한 기본권 제한간의 법익균형성, 국민의 선거참여를 통한 민주주의 발전 및 민주적 정당성 제고라는 공익 또한 감안해야 할 것이다.

이 사건 법률조항이 인터넷상 정치적 표현 내지 사전선거운동을 금지함으로써 얻어지는 선거의 공정성은 명백하거나 구체적이지 못한 반면, 인터넷을 이용한 의사소통이 보편화되고 각종 선거가 빈번한 현실에서 이 사건 법률조항이 선거일 전 180일부터 선거일까지 장기간 동안 인터넷상 정치적 표현의 자유 내지 선거운동의 자유를 전면적으로 제한함으로써 생기는 불이익 내지 피해는 매우 크다 할 것이므로 이 사건 법률조항은 법익균형성의 요건을 갖추지 못했다고 할 것이다.

따라서 이 사건 법률조항 중 '기타 이와 유사한 것'에 '정보통신망을 이용해 인터넷 홈페이지 또는 그 게시판·대화방 등에 글이나 동영상 등 정보를 게시하거나 전자우편을 전송하는 방법'이 포함되는 것으로 해석해 이를 금지하고 처벌하는 것은 과잉금지원칙에 위배해 청구인들의 선거운동의 자유 내지 정치적 표현의 자유를 침해한다.

10장

소셜미디어의 미래

10

소셜미디어의 미래

커뮤니케이션 양식의 진화

트위터는 짧은 단문메시지를 통한 자유로운 의사소통의 공간으로 실시간 소통구조를 가지고 있어 직접적이고 즉각적인 정보서비스를 제공하고 있다. 특히 트위터는 독특한 개방구조 때문에 다양한 응용프로그램과 결합돼 이용자들에게 풍부한 서비스를 제공하고 있다.

김태현(2010)은 페이스북, 트위터를 비롯한 소셜미디어는 친한 친구들끼리 개인적인 관심사를 공유하는 사적인 공간이 아니라 웹에서의 정보 공유 및 유통을 위한 새로운 채널로 자리잡아가고 있다고 주장한다.

트위터는 기업들에게 고객과의 소통을 원활히 하기 위한 채널로 활용되고 있고 정치인들에게는 지지자들이나 유권자들과의 관계를 톡톡히 하는 수단이 되고 있다. 공공기관의 경우 정부의 주요 정책을 홍보하는 중요한 채널이 되고 있기도 하다.

트위터는 사회 여러 부문에서 다양하게 활용될 것으로 예상된다.

특히 트위터는 속보성이나 영향력 면에서 기존의 미디어보다 훨씬 앞서 있다. 이러한 트위트의 장점은 트위터가 시민들이 주체가 돼 직접 뉴스생산과정에 참여하는 시민저널리즘의 새로운 형태가 될 수 있음을 시사하고 있다.

2011년 7월 강남 물난리. 네티즌들은 트위터를 통해 수해현장을 실시간 공유했다.

지난해 7월 말 국내에서 발생한 최악의 물난리 상황에서도 드러났듯이, 시민들은 트위터를 통해 폭우로 통제된 교통 상황, 침수된 지하철역 모습, 하수도 역류 장면 등 비 피해 상황을 실시간으로 올려 공유했다. 자연참사나 대형사고 등 굵직굵직한 사건들이 발생하거나 시위현장에서 트위터는 현장 소식을 가장 발 빠르게 전달하는 강력한 매체로 자리잡았다.

이러한 트위터의 위력에도 불구하고 트위터가 기존의 저널리즘을 대체할 것이라는 데는 다소 회의적인 전망이 많다.

미국의 IT 전문 인터넷신문인 기가옴(GIGAOM)의 매슈 인그람(Mathew

Ingram) 기자는 "트위터는 전화나 비디오 카메라와 같이 단지 도구에 불과하다"며 트위터가 전통 저널리즘이나 기존 미디어를 대체할 수 없을 것이라고 주장한다(gigaom.com 참조). 즉 트위터의 확산에도 불구하고 전통 저널리스트의 역할과 임무는 달라지지 않을 것이라는 것이다.

그의 언급처럼 사회의 주요 의제를 설정하는 전통 저널리스트의 역할은 소셜미디어가 유행하는 현 시대에도 여전히 중요할 것 같다. 전통 저널리즘은 무엇보다도 보도의 객관성, 공정성, 균형성, 정확성 등을 강조해 왔다. 소셜미디어 시대에도 이러한 가치들은 중요한 가치이다.

페이스북 또한 인간관계의 폭과 깊이를 확장할 새로운 매체로 부각되고 있다. 페이스북 상에서 이용자들은 친구들과의 교류와 소통을 통해 서로의 일상을 알게 되고 보다 친밀한 관계를 형성하게 된다. 다양한 그룹 형성을 통해 취미나 관심사가 비슷한 사람끼리 어울릴 수 있고 정보를 교환할 수 있다. 그동안 인터넷카페가 했던 많은 역할을 이제는 페이스북 그룹이 기능한다. 이제 사람들은 예전처럼 인터넷카페를 통해 동호회나 동창회 등 친목 모임을 만들지 않고 페이스북 그룹을 통해 이러한 모임을 만든다.

그럼에도 트위터나 페이스북 같은 소셜미디어도 머지않아 새로운 매체로 대체될 것은 분명하다. 인류의 커뮤니케이션 양식은 끊임없이 진화·변화해 왔다는 역사적 경험에서 확인할 수 있다.

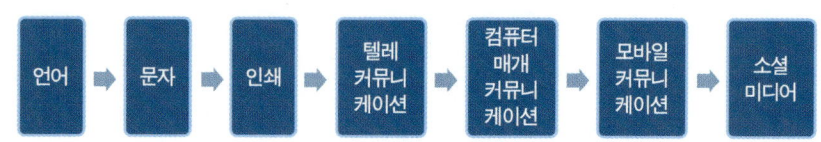

커뮤니케이션 양식의 진화

특히 인터넷이 대중화된 1990년대 중후반부터 다양한 커뮤니케이션 양식이 급속도로 변화와 진화를 거듭해 왔다. 인터넷의 등장은 인터넷에 기반을 둔 새로운 매체들이 등장하는 시간을 훨씬 앞당겼다.

토마스 백달이 주장한 것처럼, 2000년 들어 소셜네트워크를 기반으로 한 서비스가 활성화되면서 소셜 혁명이 가속화되고 있다.

토마스 백달(Thomas Baokdal)은 사람들이 서로 소통하고 연결하는 방식이 역사적으로 어떻게 진화해 왔는지 다음과 같이 기술하고 있다.

1800년대 ― 면대면 접촉
1900년대 ― 신문과 잡지 → 라디오 → 텔레비전 → 인터넷
2000년대 ― 블로그, 소셜네트워크, 소셜뉴스

그는 2020년이 되면 신문이나 방송과 같은 전통적인 정보제공방식은 사라지고 소셜뉴스가 사람들이 소통하는 가장 중요한 방식이 될 것이라 예상한다. 즉 뉴스는 더 이상 저널리스트에 의해 제공되는 것이 아니라 정보원으로부터 직접 이용자들에게 전달되는 것이다. 또한 이용자들이 쉽고 편리하게 원하는 정보를 언제 어디서든지 바로 얻을 수 있는 정보시스템이 보편화 될 것으로 기대한다.

출처 : www.baekdal.com/analysis/market-of-information

새로운 매체들이 등장하는 과정에서 흥미로운 점은 커뮤니케이션의 내용이나 본질에는 커다란 변화가 없고 커뮤니케이션의 채널들이 계속 바뀌어 왔다는 점이다. 어떤 시기에는 싸이월드의 미니홈피가 유행을 했고 어떤 때는 블로그가 영향력을 행사했다. 지금 시점에는 트위터나 페이스북이 인기를 끌고 있다. 이러한 추세대로라면 머지않아 또 다시 새로운 매체가 등장해 유행할 것이라는 것은 자명하다.

미니홈피	➡	블로그	➡	소셜미디어	➡	?

어떤 매체가 등장하든지, 항시 그 매체로 인해 야기되는 문제들은 늘 존재해 왔다. 지나치게 디지털 기기에 의존하게 됨으로써 발생하는 중독문제, 타인을 비방하거나 명예를 훼손하는 악플 문제, 타인의 저작물을 무단 점유함으로써 발생하는 저작권 침해 등 사이버 공간을 둘러싼 여러 이슈들이 새로운 매체가 출현할 때마다 등장했다.

이러한 이슈들이 제기될 때마다 논의된 것이 사이버 공간의 윤리의식이다. 매체의 영향력이 커짐에 따라 매체가 중요한 것이 아니라 그 매체를 올바르게 활용할 수 있는 능력이 더 중요한 순간이 다가오고 있는 것이다.

인간의 가장 기본적인 욕구는 노동에 대한 욕구와 커뮤니케이션에 대한 욕구이다. 이러한 점을 고려하면 사회적 상호작용인 커뮤니케이션을 위한 새로운 채널들은 늘 변화하며 이러한 채널들이 인간의 의사소통 욕구를 반영할 것이라는 것은 분명하다.

중요한 것은 사용자들이 새롭게 등장하는 채널들을 얼마나 유용하게 이용하느냐는 것이다. 인터넷 공간을 아름다운 세상으로 만들어 나가는 노력이 새로운 매체가 쏟아지고 있는 정보화사회에서 더욱 중요한 미덕으로 강조되고 있다.

방송통신위원회가 펼치고 있는 아름다운 인터넷세상 만들기 온라인 서약 캠페인

방송통신위원회는 한국인터넷진흥원과 함께 건전하고 안전한 인터넷 이용 및 인터넷을 통한 나눔 문화 조성을 위해 2011년 9월 26일부터 30일까지를 「2011 아름다운 인터넷세상 만들기(이하 아인세) 주간」으로 지정, 주간 선포식을 비롯, 다양한 온·오프라인 행사를 집중 개최했다.

아름다운 인터넷세상을 만들기 위한 5대 다짐

인터넷은 우리가 정성을 들여 창조하고 가꾸어야 할 새로운 공간으로 우리가 아름답게 보존해야 할 또 하나의 공동체입니다.

나는 새로운 공동체의 일원으로서 사회적 책임을 다하기 위해 다음 사항을 준수하겠습니다.

하나. 사실에 기반한 정보를 제공하고 건설적인 의견공유에 앞장선다.
하나. 올바른 언어와 개방적 자세로 서로의 인격을 존중하고 예의범절을 지킨다.
하나. 타인의 프라이버시를 침해하지 않고 나의 개인정보를 보호한다.
하나. 가족과 친구의 행복을 위해 불법·유해 정보를 배격한다.
하나. 창의적인 인터넷 발전을 위해 타인의 지적 재산권을 침해하지 않는다.

출처 : 방송통신위원회 홈페이지

SNS를 통해 전파되는 정보는 때로는 괴담일 수 있고 근거 없는 소문일 수도 있다.

객관적이고 사실적인 정보들이 이보다 많이 확산되고 공유된다면 괴담이나 뜬소문은 자연스럽게 발붙일 틈이 없을 것이다. SNS라는 공간을 적극적인 소통의 장이나 공론의 장으로 이용하려고 하는 모두의 실천이 따라야 깨끗한 SNS 세상이 구현될 수 있는 것이다.

소셜미디어 리터러시 증진

소셜미디어의 매력은 실시간 소통, 실명에 기초한 의사소통행위, 관계의 확장, 사회자본의 증진, 사회참여의 활성화 등이다. 소셜미디어의 역기능은 허위정보나 소문, 루머의 확산 등이다.

소셜미디어가 개인들의 네트워크 연결이다 보니 타인을 비방하거나 명예를 훼손하는 글들이 유포될 우려가 있다. 특히 유명인들의 경우 대중에게 잘 알려져 있기 때문에 소셜미디어를 신중하게 이용할 수밖에 없다. 무심코 던진 말 한 마디가 일파만파로 번질 가능성이 크기 때문이다.

소셜미디어가 지닌 여러 문제점이나 역기능을 예방하기 위해서는 '소셜미디어 리터러시 강화' 즉 뉴미디어에 관한 교육이 선행되어야 한다.

소셜미디어 리터러시는 하워드 라인골드의 주장처럼 개인과 개인, 개인과 집단, 집단과 집단이 연결되어 있는 네트워크 사회에 살고 있다는 인식에서 출발한다.(박스 참조)

세계적인 정보사회학자 하워드 라인골드(Howard Rheingold)가 말하는 5가지 소셜미디어 리터러시

하워드 라인골드는 트위터나 유튜브 같은 네트워크화 된 디지털미디어의 효과적인 사용을 위해 다섯 가지 소셜미디어 리터러시를 제시하고 있다. 각각은 상호 연관돼 있으며 21세기 네트워크 사회에서 이용자들이 갖춰야 할 능력들이다.

1. 주의(Attention)

소셜미디어 리터러시 중 가장 기본적인 요소로 디지털미디어의 비판적 소비자가 되기 위해 소셜미디어에 주의를 집중하는 방법을 배울 필요가 있다.

2. 참여(Participation)

소셜미디어에 참여할 때, 우리는 수동적 소비자가 아니라 활동적 시민이 된다.

3. 협력(Collaboration)

소셜미디어는 사람들이 함께 협력할 수 있는 장을 열어주고 있다. 소셜미디어를 통해 전 세계 사람들이 뭉치고 협력하며 공동으로 문제해결에 나서고 있다. 가령, 2009년에 트위터 축제가 개최된 적이 있었는데 당시 수천 명의 자원봉사자와 기부자들이 깨끗한 물을 필요로 하는 우간다와 이디오피아의 우물을 파는 데 필요한 기금을 모으기도 했다.

4. 네트워크 지식(Network Awareness)

19세기 산업화 시대, 20세기 정보화 시대를 거쳐 21세기인 오늘날 우리는 네트워크 사회에 살고 있다. 사회적 네트워크는 이제 인류의 본질적인 부분이 되고 있다. 이제 기술적 네트워크는 우리가 접촉하는 사람들의 수와 범위를 확장시켰고 전 세계적인 사회적 네트워크를 만들었다. 따라서, 네트워크화 된 온라인 공간에서 평판과 호혜성이 점차 중요해지고 있다.

5. 비판적 소비(Critical Consumption)

비판적 소비는 온라인 공간에서 무엇이 신뢰할 만하고 누가 신뢰할 만한지를 가려내는 능력을 의미한다. 만약 당신이 신뢰할 만한 권위 있는 인물을 찾아낸다면, 그들을 개인적 네트워크에 포함시키고 그들과 개인적으로 교류하면 된다. 우리가 온라인으로 정보를 얻는 요즈음 그것이 정확하다는 보장은 없다. 텍스트의 권위는 이제 더 이상 저자와 출판업자에게 있는 것이 아니다. 정보소비자가 비평가가 돼야 하고 정보의 실재에 대해 끊임없이 조사해야 한다.

출처 : www.educause.edu

푸트남의 주장대로, 이러한 온라인 네트워크는 민주주의 사회에 필요한 중요한 사회적 자본이다. 소셜미디어로 연결된 네트워크를 통해 공동의 문제에 대한 인식을 공유하고 문제해결을 위해 상호 협력할 때 소셜미디어의 미래는 밝을 것이다. 소셜미디어의 올바른 사용은 단순히 그 기술적 기능을 습득하는 데 있지 않다. 소셜미디어에 참여하고 있는 사람들에 대한 신뢰가 쌓이고 규범이 정착돼야 소셜미디어를 유용하게 활용할 수 있다.

참고문헌

강은영(2010. 05). 트위터, 진화는 계속된다. 『주간한국』.

고상민 · 황보환 · 지용구(2010). 소셜네트워크 서비스와 온라인 사회적 자본 : 한국과 중국 사례를 중심으로. 『한국전자거래학회지』, 15권 1호, pp.103~118.

금혜성(2011). 정치인의 SNS 활용: 정치적 소통도구로서의 트위터. 『한국정당학회보』, 제10권 제2호, pp.189~220.

김문구 · 박종현 · 조영환(2010). 『훤히 보이는 IT 소비자행동의 이해』. 서울: 전자신문사. 김성태 · 김여진 · 최홍규 · 김형지(2011). 뉴미디어를 통한 소통채널의 확장과 정치참여변화 연구. 『평화연구』, 봄호, pp.5~38.

권상희 · 우지수(2005). 블로그 미디어 연구: 블로그 이용 및 만족과 인지 행태에 관한 연구. 『한국방송학보』, 19권 2호, pp.419~460.

김종길 · 김문조(2006). 『디지털한국사회의 이해』. 서울: 집문당.

김태현(2010. 02). 실시간 소셜 웹 주도권 경쟁: 페이스북 vs 트위터 vs 구글 버즈. 『DIGIECO FOCUS』. 서울: KT 경제경영연구소.

류한석(2009. 09). 트위터 열풍과 소셜미디어의 진화. 『DIGIECO FOCUS』. 서울: KT 경제경영연구소.

박광순 · 조명휘(2004). 인터넷의 웹블로그(Web-blog) 이용동기와 만족도에 관한 연구: 대학생 집단을 중심으로. 『한국언론학보』, 48권 5호, pp.270~294.

박한우(2011). 『인터넷 거미줄에 걸린 사람들』. 영남대학교출판부.

방송통신위원회 · 한국인터넷진흥원(2010). 『2010년 인터넷이용실태조사 요약보고서』.

설진아(2009). 소셜미디어의 진화양상과 사회적 영향. 2009 한국언론정보학회 가을철 정기학술대회발표문.

소셜미디어연구포럼(2012). 『소셜미디어의 이해』. 서울: 미래인.

송경재(2011). 소셜네트워크 세대의 정치참여. 『한국과 국제정치』, 제27권 제2호, pp.57~88.

송민정(2011). 소셜네트워크 서비스와 스마트 TV: SNS 개념과 성장잠재력. KT 경제경영 연구소, Issue & Trend.

심홍진 · 황유선(2010). 마이크로블로깅 서비스와 사회자본 : 트위터 초기 사용자집단을 중심으로. 『한국언론학보』, 54권 5호, pp.327~347.

안재민(2009). 미국 및 국내 트위터 이용 현황. 『동향』, 제21권 20호, pp.60~66. 서울: 정보통신정책연구원.

이광수 · 조연아 · 김성일(2009. 09). 무선인터넷 시장 견인의 기대주, 트위터. 『DIGIECO FOCUS』. 서울: KT경제경영연구소.

이나리(2011. 2. 18). TGIF 혁명. 『중앙일보』.

이옥기(2011). 트위터의 리더와 팔로우 유형과 특성에 대한 사용자 인식에 관한 연구. 한국소통학회 춘계 정기학술대회 발표요약문.

이원태·김춘식·이나경(2010). 『소셜미디어에서 온라인정치담론의 특성』. 서울: 정보통신 정책연구원.

이원태·차미영·양해륜(2011). 소셜미디어 유력자의 네트워크 특성: 한국의 트위터 공동체를 중심으로. 『언론정보연구』, 48권 2호, pp.44~79.

이호영 외(2011). 소셜미디어의 성장과 온라인 사회관계의 진화. 정보통신정책연구원 보고서.

이항우(2011). 튀니지, 이집트의 시민혁명과 소셜미디어. 『시민과 세계』, 19호, pp.151~165.

이항우·이창호·김종철·임현경 외(2010). 『정보사회의 이해』. 서울: 미래인.

장덕진·김기훈(2011). 한국인 트위터 네트워크의 구조와 동학. 『언론정보연구』, 48(1), 59~86.

정낙원(2011). 정치참여에 있어서 SNS 이용의 기능 : 미국 사례를 중심으로. 2011 정보통신정책학회 정기학술대회 발표자료집.

최민재·양승찬(2009). 『인터넷 소셜미디어와 저널리즘』. 서울: 한국언론진흥재단.

최영·박성현(2011). 소셜미디어이용동기가 사회자본에 미치는 영향. 『한국방송학보』, 25권 2호, pp.241~276.

한국인터넷진흥원(2010. 11+12). 리서치 2. 마이크로블로그 이용실태조사. 『internet』, pp.60~61.

한국인터넷진흥원(2011. 01+02). 리서치. 제2차 스마트폰 이용실태조사. 『internet』, pp.49~51.

한국정보화진흥원(2010. 08). 공공부문의 성공적인 소셜미디어도입 및 활용전략. 『CIOREPORT』, p.24.

한국청소년정책연구원(2012). 『청소년의 소셜미디어 이용실태 연구』.

현대원·박창신(2004).『퍼스널 미디어』. 서울: 디지털미디어리서치.

황유선·박남기(2010).『미디어기업의 소셜미디어 활용』. 서울: 한국언론 진흥재단.

황혜정(2009. 07). 트위터, 기업과 고객의 소통채널 될까.『Weekly 포커스』, pp.40~46. 서울: LG 경제연구소.

KBS 방송문화연구소(2010).『2010 KBS 해외방송정보 Special Edition』.

Carey, J. (1989). Communication as Culture: Essays on Media and Society. New York: Routledge.

Debatin, B., Lovejoy, J.P., Horn, A, & Hughes, B.N. (2009). Facebook and Online Privacy: Attitudes, Behaviors, and Unintended Consequences. Journal of Computer-Mediated Communication, 15, pp.83~108.

Fraser, N. (1997). Rethinking the Public Sphere: A Contribution to the Critique of Actually Existing Democracy. In C. Calhoun(Ed.), Habermas and the Public Sphere(pp. 109~142). The MIT Press.

Godwin, M. (1999). Who is a journalist? Media Studies Journal, 13(2), pp.38~42.

Helliwell, J, F. & Putnam, R. D. (2004). The Social Context of Well-Being. The Royal Society, 359, pp.1435~1446.

Kushin, M. J., & Yamamoto, M. (2010). Did Social Media Really Matter? College Students' Use of Online Media and Political Decision Making in the 2008 Election. Mass Communication and Society, 13(5), pp.608~630.

Lee, G., Lee, J, & Kwon, S. (2011). Use of Social-Networking Sites and Subjective Well-Being: A Study in South Korea.

소셜미디어가 세상을 바꾼다

Cyberpsychology, Behavior, and Social Network, 14(3), pp.151 ~155.

Morozov, E. (2009). Iran: Downside to the "Twitter Revolution". Dissent, Fall, pp.10~14.

Solomon, F. (2009). State and local news. Policy & Practice, 33.

Valenzuela, S., Park, N., & Kee, K. F. (2009). Is There Social Capital in a Social Network Site? : Facebook Use and College Students' Life Satisfaction, Trust, and Participation. Journal of Computer-Mediated Communication, 14, pp.857~901.

Wall, M. A. (2003). "Blogs over Baghdad" : Postmodern journalism & the Iraqi War. Paper presented to the Global Fusion Conference, Austin, TX.

Social

Media

소셜미디어가 세상을 바꾼다(증보판)

지은이 / 이창호 · 김은국 · 최영재
발행인 / 김재엽
펴낸곳 / 한누리미디어
디자인 / 지선숙

121-840, 서울시 마포구 잔다리로 35 서원빌딩 2층
전화 / (02)379-4514, 379-4519
Fax / (02)379-4516
E-mail/hannury2003@hanmail.net

신고번호 / 제300-2006-61호
등록일 / 1993. 11. 4

초판발행일 / 2012년 12월 20일
중보판발행일 / 2013년 6월 5일

© 2013 이창호 · 김은국 · 최영재 Printed in KOREA

값 14,000원

※저자와 협의하여 인지는 생략합니다.
※잘못된 책은 바꿔드립니다.

ISBN 978-89-7969-451-2 03300